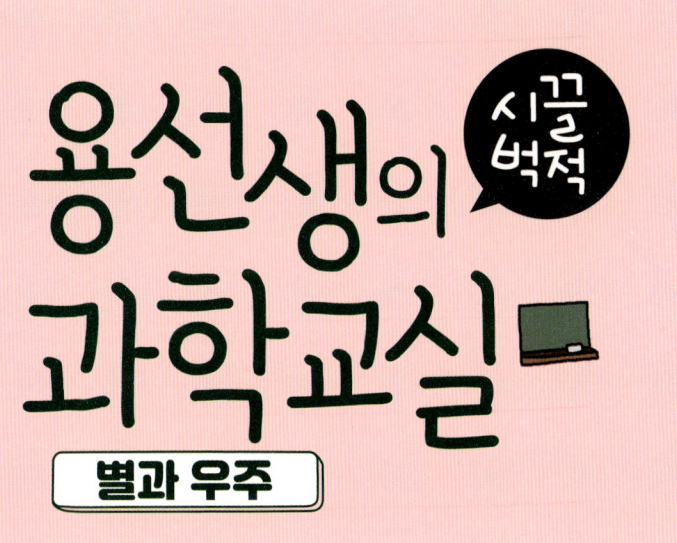

사회평론

**글 사회평론 과학교육연구소**
대학에서 오랫동안 과학을 연구한 전문가들이 모여, 우리 아이들이 쉽고 재미있게 공부할 수 있는 책을 만들고 있습니다.

**글 김형진** (사회평론 과학교육연구소 연구원)
연세대학교 천문대기과학과를 졸업하고 같은 대학교 대학원에서 석사, 박사 학위를 받았습니다. 과학자를 꿈꾸는 아이들에게 올바른 과학 개념과 과학적 태도를 함께 키울 수 있는 방법을 전달하기 위해 노력하고 있습니다. 현재 사회평론 과학교육연구소 연구원으로 과학책을 만들고 있습니다.

**글 설정민** (사회평론 과학교육연구소 연구원)
서울대학교 생물학과를 졸업하고 같은 대학교 대학원에서 석사 학위를 받은 뒤 박사 과정을 수료하였습니다. 아이에게 과학을 쉽고 재미있게 얘기해 주려 노력하다 보니 어린이를 위한 책을 만드는 일에도 관심을 가지게 되었습니다. 현재 사회평론 과학교육연구소 연구원으로 과학책을 만들고 있습니다.

**글 이명화** (사회평론 과학교육연구소 연구원)
서울대학교 물리교육과를 졸업하고 같은 대학교 대학원에서 석사, 박사 학위를 받았습니다. 10여 년간 중학교에서 과학을 가르쳤으며, 미국 아리조나 주립대에서 물리학으로 박사 학위를 받고 독일, 미국, 영국에서 연구원으로 근무하였습니다. 쉽고 재미있는 과학책을 쓰는 일에 관심을 갖고 있으며, 현재 사회평론 과학교육연구소 연구원으로 과학책을 만들고 있습니다.

**그림 김인하**
시각디자인을 전공하고 1999년 월간지에 만화를 연재하며 작품 활동을 시작하였습니다. 《건방진 우리말 달인》, 《똑똑한 어린이 대화법》 등에 그림을 그렸습니다. 이 책을 읽는 어린이들의 밝은 미래를 기원합니다.

**그림 뭉선생**
2004년 LG 동아 국제만화 공모전에 입상하며 작품 활동을 시작했습니다. 그린 책으로 《조지의 우주를 여는 비밀 열쇠》 시리즈, 《용선생 만화 한국사》 시리즈, 《용선생 처음 한국사》 시리즈, 《용선생 처음 세계사》 시리즈 등이 있습니다.

**그림 윤효식**
2002년 《소년 챔프》에 〈신검〉으로 데뷔하여 어린이에게 유익한 학습 만화를 그리고 있습니다. 그린 책으로 《마법천자문 사회원정대》 시리즈, 《용선생 만화 한국사》 시리즈, 《용선생 처음 한국사》 시리즈, 《용선생 처음 세계사》 시리즈 등이 있습니다.

**감수 맹승호**
서울대학교 지구과학교육과를 졸업하고 한국교원대학교 과학교육과 대학원에서 석사, 서울대학교 과학교육과 대학원에서 박사 학위를 받았습니다. 현재 서울교육대학교 과학교육과 교수로 재직 중입니다. 대화를 이용한 과학 학습에 많은 관심을 가지고 있습니다. 함께 지은 책으로 《일곱 빛깔 지구과학》, 《주말 지질 여행》 등이 있습니다.

**캐릭터 이우일**
홍익대학교에서 시각디자인을 공부한 만화가입니다. 그림책 작가인 아내 선현경, 딸 은서, 고양이 카프카와 함께 그림을 그리고 글을 쓰며 살고 있습니다. 지은 책으로 《우일우화》, 《옥수수빵파랑》, 《좋은 여행》, 《고양이 카프카의 고백》 등이 있고, 그린 책으로 《노빈손》 시리즈, 《용선생의 시끌벅적 한국사》 시리즈, 《교양으로 읽는 용선생 세계사》 시리즈 등이 있습니다.

# 용선생의 시끌벅적 과학교실

## 별과 우주

글 사회평론 과학교육연구소 | 그림 김인하·뭉선생·윤효식 | 감수 맹승호 | 캐릭터 이우일

## 거대한 우주의 끝은 어디일까?

사회평론

## 프롤로그

여러분, 안녕? 과학반을 맡은 용선생이야. 내 명성은 익히 들어 봤겠지? 역사반과 세계사반을 모두 훌륭하게 성공시키며 방과 후 교실 최고의 인기 교사가 된 그 용선생이란다. 교장 선생님께서 특별히 부탁하셔서 이번에는 과학반을 맡게 되었어. 어찌나 사정을 하시던지 도무지 거절할 수가 없었지 뭐야. 그래서 이 몸이 깜짝 놀랄 수업을 준비했단다.

우리의 수업은 언제나 질문과 함께 출발해. 세상을 둘러보다가 누군가 "저건 왜 그래요?" 하고 질문하면 바로 그 순간 수업이 시작되는 거지. 이제부터 용선생의 시끌벅적 과학교실을 제대로 즐기는 방법을 하나씩 알려 줄게.

첫째, 과학반 친구들과 함께 호기심을 갖고 질문해 봐. 과학을 어렵게만 생각하지 말고, 매 교시마다 아이들이 어떤 호기심을 가지는지 관심을 가져 봐. 과학반 친구들과 함께 '왜 그럴까?', '어떻게 알아낼 수 있을까?' 고민하다 보면 어렵던 과학도 쉽게 느껴질 거야.

둘째, 어려운 내용은 사진과 그림으로 이해해 봐. 어려운 과학 개념과 원리를 한 장의 사진이나 그림을 통해 단숨에 이해할 수도 있어. 그래서 너희를 위해 사진과 그림을 많이 준비했단다. 글을 읽다가 어렵다 싶으면 옆에 있는 사진과 그림을 봐. 잘 이해되지 않던 내용이 틀림없이 술술 이해될 거야.

셋째, 배운 내용을 되새기며 머릿속에 정리해 봐. 왁자지껄한 수업을 마치고 나면 뭘 배웠는지 정리가 안 될 때도 있을 거야. 그럴 때를 대비해 중간중간 핵심 정리를 준비했어. 또 배운 내용을 4컷 만화로 재미있게 요약해 두었지. 게다가 교시가 끝날 때마다 나선애의 정리노트도 마련했단다. 이 정도면 학습 정리는 문제없겠지?

과학은 분야도 다양하고 배울 내용도 아주 많아. 쉽게 이해할 수 있는 부분도 있지만, 여러 번 곰곰이 생각해 봐야 알 수 있는 부분도 있지. 이 책을 여러 번 다시 읽다 보면 구석구석 빠짐없이 모두 이해될 거야.

자, 이제 용선생의 시끌벅적 과학교실을 제대로 즐길 준비가 됐겠지? 그럼 신나는 수업을 시작해 볼까?

## 차례 | 별과 우주

### 1교시 | 별자리
#### 밤하늘의 길잡이는 누구?

별자리는 이렇게 정해졌어! ··· 13
별자리는 어떻게 쓰일까? ··· 16
별자리와 계절의 관계는? ··· 19

나선애의 정리노트 ··· 24
과학퀴즈 달인을 찾아라! ··· 25

**교과연계**
초 5-1 태양계와 별 | 초 6-1 지구와 달의 운동
중 3 별과 우주

### 2교시 | 별
#### 별은 영원히 똑같을까?

별인지 아닌지 어떻게 구분할까? ··· 28
별의 또 다른 이름은? ··· 32
별의 탄생부터 죽음까지 ··· 35

나선애의 정리노트 ··· 40
과학퀴즈 달인을 찾아라! ··· 41
용선생의 과학 카페 ··· 42
 - 블랙홀의 정체는?

**교과연계**
초 5-1 태양계와 별 | 중 3 별과 우주

### 3교시 | 별의 거리
#### 별까지의 거리를 재는 자가 있을까?

우주에서 거리를 나타내려면? ··· 47
거리가 멀어지면 달라지는 것은? ··· 50
별까지의 거리를 재려면? ··· 53

나선애의 정리노트 ··· 58
과학퀴즈 달인을 찾아라! ··· 59
용선생의 과학 카페 ··· 60
 - 달에 거울을 설치한 까닭은?

**교과연계**
초 5-1 태양계와 별 | 중 3 별과 우주

## 4교시 | 별의 밝기

### 별의 밝기를 정확히 나타내려면?

별의 밝기를 결정하는 것은? ··· 65
별의 밝기를 표현하려면? ··· 67
별의 등급에도 종류가 있어! ··· 71

나선애의 정리노트 ··· 74
과학퀴즈 달인을 찾아라! ··· 75
용선생의 과학 카페 ··· 76
　- 광학 망원경을 발명한 과학자 인터뷰

**교과연계**
초 5-1 태양계와 별 | 중 3 별과 우주

## 6교시 | 우주

### 우주는 얼마나 클까?

우리은하 밖에는 무엇이 있을까? ··· 96
우주는 어떻게 변할까? ··· 100
우주는 왜 팽창할까? ··· 103

나선애의 정리노트 ··· 106
과학퀴즈 달인을 찾아라! ··· 107
용선생의 과학 카페 ··· 108
　- 우주 탐사의 역사

**교과연계**
초 5-1 태양계와 별 | 중 3 별과 우주

## 5교시 | 우리은하

### 은하수의 정체는?

우주에서 지구가 속한 곳은? ··· 80
우리은하의 모양은? ··· 84
우리은하를 이루는 천체는? ··· 86
은하수의 정체를 밝혀라! ··· 89

나선애의 정리노트 ··· 92
과학퀴즈 달인을 찾아라! ··· 93

**교과연계**
초 5-1 태양계와 별 | 중 3 별과 우주

가로세로 퀴즈 ··· 110
교과서 속으로 ··· 112

찾아보기 ··· 114
퀴즈 정답 ··· 115

## 등장인물

### 용쓴다 용써!
### 용선생

- 체력 ★★★
- 지력 ★★★★★
- 감성 ★★★
- 호기심 ★★★★★
- 유머 ★★

열정이 가득한 과학 선생님. 하늘을 향해 거침없이 솟은 머리카락과 삐죽삐죽한 수염이 매력 포인트. 생생한 과학 수업을 하기 위해 물불을 가리지 않는다.

### 장하다 장해!
### 장하다

- 체력 ★★★★★
- 지력 ★
- 감성 ★★★★
- 호기심 ★★★★★
- 유머 ★★★★★

'튼튼하게만 자라 다오.'라는 아버지의 소원대로 튼튼하게 자랐다. 성격은 일등, 성적은 비밀이다. 시험을 못 봐도 씩씩하고 엉뚱한 질문으로 수업에 활력을 준다.

### 오늘도 나선다!
### 나선애

- 체력 ★★★★
- 지력 ★★★★
- 감성 ★★★
- 호기심 ★★★★★
- 유머 ★★★

과학자를 꿈꾸는 우등생. 공부도 잘하고 아는 게 많아서 모든 일에 앞장서는 타입이다. 겉으로는 차가워 보이지만 내심 따뜻한 면도 가지고 있다. 전혀 티가 안 나서 그렇지.

### 잘난 척 대장
### 왕수재

- 체력 ★★★
- 지력 ★★★★
- 감성 ★
- 호기심 ★★★★★
- 유머 ★

세상에서 자기가 제일 잘난 줄 안다. '천재는 외로운 법이고 질투의 대상인 법'이라나. 친구들에게 깐족거리는 데에도 천재적이다. 그래도 수업에는 늘 적극적으로 참여한다.

### 낭만 가득
### 허영심

체력 ★★★★★
지력 ★★★
감성 ★★★★
호기심 ★★★★★
유머 ★★

감성이 풍부해도 너무 풍부하다. 떨어지는 낙엽이나 밤하늘의 별을 보며 눈물짓고, 조그만 벌레와 대화를 나누는 사차원 성격. 하지만 누구보다 정이 많고 낭만적이다.

### 과학반 귀염둥이
### 곽두기

체력 ★★★
지력 ★★★★
감성 ★★★★
호기심 ★★★★★
유머 ★★★

형과 누나들의 귀여움을 독차지하는 과학반 막내. 나이도 가장 어리고 타고난 동안이라 언뜻 보면 유치원생 같다. 훈장 할아버지 덕에 어려운 단어를 줄줄 꿰고 있다.

---

## 우리를 찾아봐!

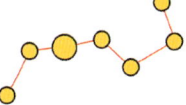

**북두칠성**
국자 모양으로 생긴 별자리로, 큰곰자리의 일부분이야.

**북극성**
지구의 북극 위에 떠 있는 별이야.

**태양**
태양계에서 유일한 별로, 스스로 빛을 내.

---

**수소**
별에 많은 물질로, 별이 빛을 내는 데 쓰여.

**우리은하**
우리 태양계가 속한 은하로, 막대 나선 은하야.

**관측 가능한 우주**
우리에게 도달한 빛으로 파악한 우주야.

### 1교시 | 별자리

# 밤하늘의
# 길잡이는 누구?

### 교과연계

초 **5-1** 태양계와 별
초 **6-1** 지구와 달의 운동
중 **3** 별과 우주

"이것 봐라."
왕수재가 종이를 쓱 내밀었다.
"그게 뭔데?"
"어제 천문대 행사에서 만든 나만의 별자리야."
"오호, 그래?"
 아이들이 관심을 보이며 몰려드는데, 용선생이 과학실에 들어서며 말했다.
 "수재가 천문대에서 재미있는 활동을 했나 보구나. 그런데 별들을 아무렇게나 잇는다고 모두 공식 별자리가 되는 건 아니란다."
 왕수재가 입을 쑥 내밀며 말했다.
 "엄청 열심히 그렸는데 공식 별자리가 따로 있다고요? 그런 걸 누가 정했대요?"

## 별자리는 이렇게 정해졌어!

"일단 별자리가 뭔지 정확히 모르는 친구들도 있을 테니 그것부터 알아보자. 별자리는 지구에서 보이는 별들을 몇 개씩 묶어 여러 가지 동물이나 사람, 물건의 이름을 붙인 것을 말해. 기록에 따르면 수천 년 전 바빌로니아에서 처음으로 별자리를 사용했대."

"그렇게나 옛날부터요?"

"응. 바빌로니아 사람들은 가축을 많이 키웠는데, 밝은 별 몇 개를 연결해서 자기들이 키우던 동물 이름을 붙였지. 전 세계 각 지역에서 이런 식으로 자기들만의 별자리를 만들어 사용했어. 달력 대신 쓰기도 했고, 점을 치는 데 쓰기도 했지."

"오호, 그렇군요."

"그런데 1900년대에 들어 여러 나라들이 천문학 연구를 함께하면서 문제가 생기기 시작했어."

"어떤 문제요?"

장하다가 머리를 긁적이며 물었다.

"나라마다 별자리 이름도 다르고, 별을 연결한 모양도 다르니까 과학자들끼리 의사소통이 잘 안 되었단다."

**장하다의 상식 사전**

**바빌로니아** 지금의 서아시아 지역에서 발전했던 고대 왕국이야.

함무라비왕 시기 바빌로니아 제국

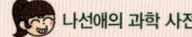

**나선애의 과학 사전**

**천문학** 우주에 있는 별을 포함하여 우주 전체에 대해 연구하는 과학이야.

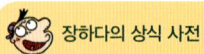

**장하다의 상식 사전**

**국제천문연맹** 전 세계 79개 나라가 가입한 천문학 단체야. 1919년에 만들어졌고, 본부는 프랑스 파리에 있어.

"음……. 생각해 보니 그랬겠네요."

"그래서 1922년에 국제천문연맹이 처음으로 회의를 열었을 때 과학자들은 전 세계적으로 별자리를 통일하기로 했어. 과학자들은 몇 년간 서로 의견을 나눈 끝에 총 88개의 별자리를 결정했지. 이 별자리들이 전 세계적으로 사용되는 공식 별자리야."

"아하, 과학자들끼리 약속을 한 거군요."

"응. 너희들이 아는 별자리 이름을 한번 말해 볼래?"

"전갈자리랑 쌍둥이자리요. 별자리로 점을 볼 때 태어난 날짜마다 정해진 별자리가 있잖아요."

"그렇지. 그런 별자리들이 모두 88개의 공식 별자리에 속한단다."

용선생은 잠시 쉬었다가 말을 이었다.

"그런데 그거 아니? 지구에서 볼 때에는 별들이 별자리를 이루며 모여 있는 것처럼 보이지만, 실제 우주에 별들이 특별한 모양을 이루며 모여 있는 건 아니야."

곽두기가 고개를 갸웃거리며 말했다.

"그게 무슨 말씀이세요? 좀 더 자세히 설명해 주세요."

"카시오페이아자리의 별들을 예로 들어 볼게. 카시오페이아자리를 이루는 별 5개는 지구에서 보았을 때 알파벳

W(더블유) 자 모양을 이루고 있어. 하지만 실제로는 지구에서 제각각 다른 거리에 떨어져 있지."

"아…… 그렇군요."

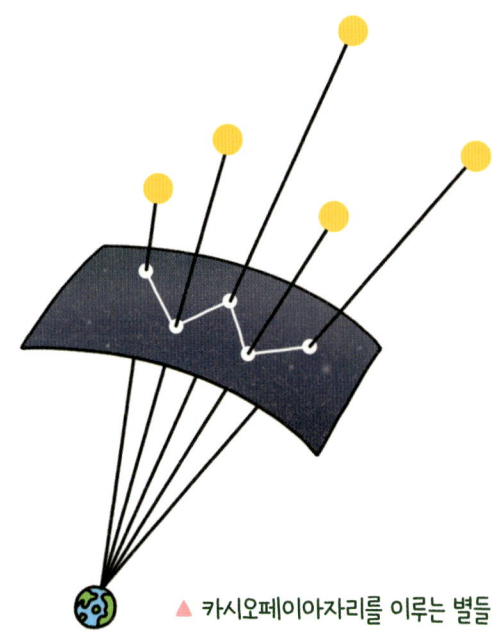
▲ 카시오페이아자리를 이루는 별들

아이들이 고개를 끄덕이는데, 왕수재가 안경을 쓱 올리며 물었다.

"그럼 별자리는 아무 의미 없는 거 아니에요? 왜 별자리를 계속 쓰는 거죠?"

 핵심정리

별자리는 지구에서 보이는 별들을 몇 개씩 묶어 이름을 붙인 거야. 오늘날에는 공식 별자리 88개를 사용해. 지구에서 별자리를 이루는 별들까지의 실제 거리는 제각각 달라.

## 별자리는 어떻게 쓰일까?

"그건 말이야, 여전히 별자리의 쓰임새가 아주 많기 때문이야."

"어떤 쓰임새요?"

"예를 들면, 별자리는 동서남북 방향을 찾을 때 도움이 된단다. 옛날부터 사람들은 별자리가 언제 어느 방향에 뜨는지 잘 알고 있었어. 저녁에 북두칠성이 뜬 쪽은 북쪽 방향이라는 식으로 말이야."

"방향을 알려면 나침반을 보면 되잖아요."

"스마트폰으로 지도를 봐도 되고요."

"지금이야 그렇지만 옛날에는 그런 게 없었잖니? 그래서 옛날에는 별자리를 보고 방향을 찾는 경우가 많았어. 특히 방향을 구분하기 어려운 바다에서 항해할 때에는 별자리가 더욱 유용했단다."

"하긴 요즘도 나침반을 항상 들고 다니는 건 아니니까 알아 두면 쓸모 있겠네요."

"그렇겠지? 또 밤하늘에 무수히 많은 천체 중에서 원하는 천체를 찾을 때에도 별자리를 써. 그림을 먼저 보자."

용선생은 북극성이라 적힌 별을 손으로 가리켰다.

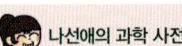

**북두칠성** 큰곰자리에 속한 7개의 별로, 국자 모양으로 생겼어. 우리나라나 중국 등에서 별자리로 사용했고, 공식 별자리에는 속하지 않아.

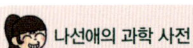

**천체** 하늘 천(天) 물체 체(體). 우주에 있는 물체를 통틀어 일컫는 말이야.

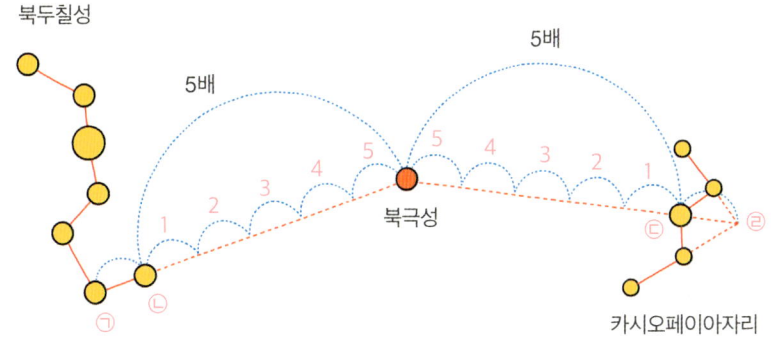

### ◀ 북극성을 찾는 방법

**방법1**
북두칠성의 국자 모양 끝부분에서 ㉠과 ㉡을 찾아. ㉠과 ㉡을 연결하고, 그 거리의 5배 떨어진 곳에서 북극성을 찾아.

**방법2**
카시오페이아자리에서 바깥쪽 두 선을 연결해 ㉣을 찾아. ㉢과 ㉣을 연결하고, 그 거리의 5배 떨어진 곳에서 북극성을 찾아.

"이 그림은 별자리를 이용해서 북극성을 찾는 방법을 나타낸 거야. 북극성은 지구의 북극 위에 떠 있는 별이야. 그래서 이름도 북극성이지. 옛날부터 정확한 북쪽을 찾을 때 자주 이용했단다."

"북두칠성이나 카시오페이아자리로 북극성을 찾네요."

나선애의 말에 장하다가 고개를 갸우뚱하며 말했다.

"처음부터 북극성을 찾으면 되지, 왜 별자리를 먼저 찾고 북극성을 찾아요?"

"밤하늘에 무수히 떠 있는 별 중에서 북극성을 바로 찾기는 생각보다 어렵단다. 어두운 별 하나를 찾는 것보다는 모양을 알고 있는 별자리를 찾는 게 더 쉽지 않겠니? 그래서 주변에 있는 북두칠성이나 카시오페이아자리를 찾은 뒤에 거기서부터 북극성을 찾는 거지."

"아하! 별자리가 밤하늘의 길잡이 같은 거네요."

▲ 북극성의 위치

"좋은 표현인걸? 이번에는 이 사진을 보자."
"이건 또 뭔데요?"

▼ 유성우

**나선애의 과학 사전**

**별똥별** 우주를 떠돌던 티끌이나 먼지가 지구 대기 안으로 들어오면서 불타는 것으로, 유성이라고도 해.

**관측** 볼 관(觀) 잴 측(測). 맨눈이나 기계로 자연 현상의 상태나 변화 등을 관찰하여 재는 걸 말해.

"이건 유성우를 찍은 사진이야. 유성우는 별똥별이 비처럼 많이 쏟아지는 현상으로, 일정한 기간에 정해진 위치에만 나타나. 그래서 유성우를 관측할 수 있는 위치를 나타낼 때에도 별자리를 이용한단다. '8월에 페르세우스자리 쪽에서 유성우를 볼 수 있다.'라는 식으로 말이지."

"오호, 별자리는 찾기 쉬우니까 유성우를 관측할 때 정말 도움이 되겠어요."

"그렇지. 이처럼 천체의 위치를 찾거나 나타낼 때에도 별자리를 사용할 수 있어."

 핵심정리

옛날에는 주로 방향을 찾을 때 별자리를 사용했어. 별자리를 이용하면 북극성, 유성우 같은 천체들의 위치를 찾거나 나타내기 쉬워.

 ## 별자리와 계절의 관계는?

"너희 혹시 계절에 따라 보이는 별자리가 달라진다는 거 아니?"

"정말요? 별자리는 일 년 내내 같은 줄 알았어요."

"그렇지 않아. 먼저 지구에서 잘 보이는 별자리의 위치부터 알아보자. 지구는 하루에 한 바퀴씩 스스로 뱅글뱅글 돌아. 이것을 '자전'이라 해. 지구가 자전하면서 태양을 향한 곳은 낮이 되고, 태양 반대쪽을 향한 곳은 밤이 돼."

아이들이 "그렇군요." 하면서 고개를 끄덕였다.

"그런데 우리는 태양과 같은 방향에 있는 별자리는 볼 수 없어. 태양 빛이 너무 밝아서 그보다 어두운 별은 잘 안

보이기 때문이야."

"오호, 그렇겠네요."

"그러니까 지구에서는 태양과 같은 방향에 있지 않은 별자리만 보여. 그중에서도 태양과 완전히 반대 방향에 있는 별자리가 가장 잘 보이지. 그런데 지구는 자전을 하면서 태양 주위를 1년에 한 바퀴씩 도는 '공전'도 하고 있어."

"공전을 하면 어떻게 되는데요?"

"공전을 하면 지구의 위치가 달라져서 계절에 따라 보이는 별자리가 달라져. 마치 회전목마를 탈 때 바깥 풍경이 계속 달라지는 것처럼 말이야."

"아하! 정말 회전목마를 타는 것과 비슷하네요."

▶ **지구에서 볼 수 있는 별자리**
지구가 공전함에 따라 계절에 따라 지구에서 가장 잘 보이는 별자리가 달라져.

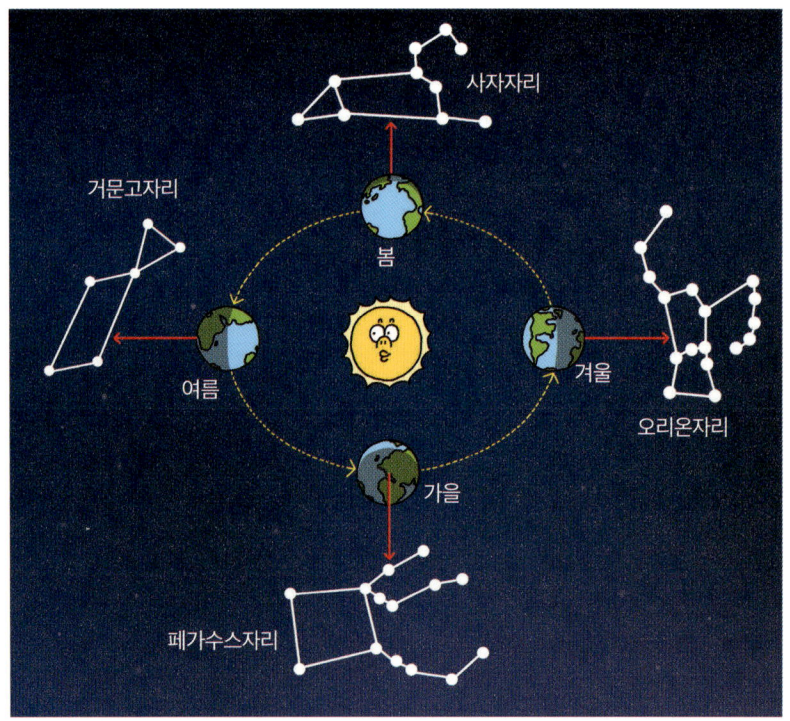

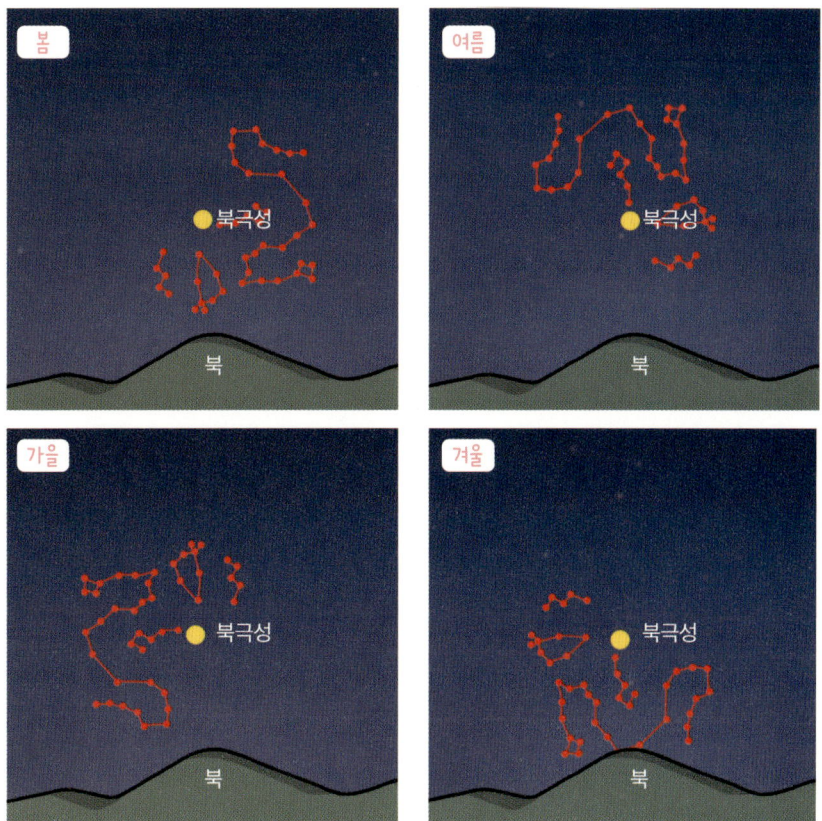

▲ **계절별 북쪽 하늘에서 보이는 별자리** 저녁 9시 무렵의 별자리들이야.

"그치? 그런데 북쪽 하늘은 사정이 좀 달라. 이 그림을 볼래? 계절별로 북쪽 하늘에서 보이는 별자리를 나타낸 거야. 잘 보면 공통점을 하나 찾을 수 있지."

그림을 유심히 보던 왕수재가 갑자기 외쳤다.

"어? 중앙의 북극성은 움직이지 않아요!"

"하하, 잘 찾았어! 아까도 말했듯이 북극성은 지구의 북극 위에 떠 있는 별이야. 지구의 남극과 북극을 연결한 상상의 선을 '자전축'이라고 하는데, 북극성은 지구의 자전축

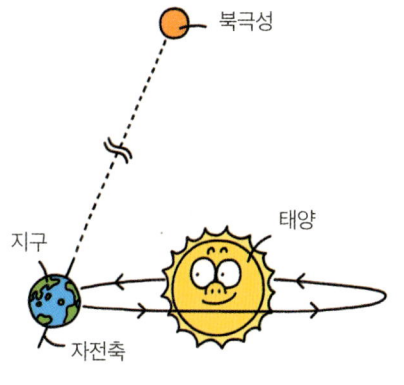

▲ **지구의 자전축과 북극성**

을 북쪽으로 길게 늘인 선 위에 있어. 그래서 일 년 내내 북쪽 하늘에서 북극성을 볼 수 있는 거야."

그림을 보던 나선애가 눈을 동그랗게 뜨며 물었다.

"근데 지구가 태양 주위를 공전하면서 자전축이 가리키는 곳이 계속 달라지지 않나요? 어떻게 북극성이 늘 같은 위치에서 보이는 거죠?"

"우아, 정말 좋은 질문이야! 북극성까지의 거리를 모르면 당연히 그런 의문이 들 수 있지. 그건 북극성이 지구에서 아주 멀리 떨어져 있기 때문이야."

"북극성이 멀어서 그렇다고요?"

"그래. 지구와 태양 사이의 거리를 1이라고 하면, 북극성은 지구에서 2700만 배 정도 떨어져 있어."

"우아! 엄청나게 멀리 있네요."

"그렇게 먼 거리에 비하면 지구는 아주 작은 점 속에서 공전하고 있는 셈이야. 그러니 지구

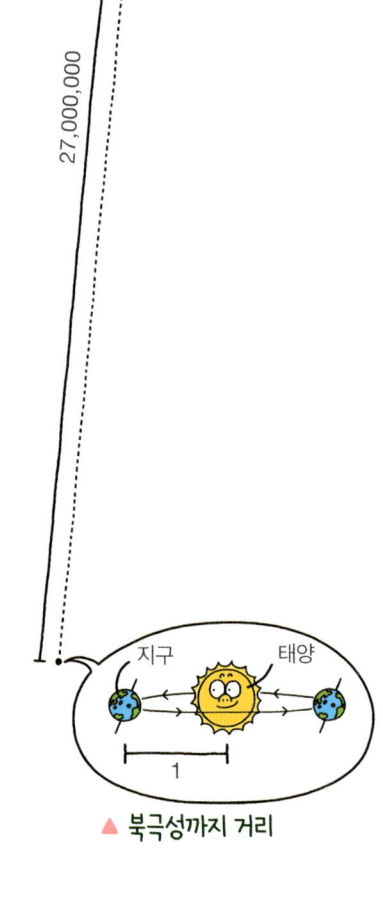

▲ 북극성까지 거리

가 공전하며 위치가 달라져도 북극성은 늘 북쪽 하늘에서 보이는 거란다."

"오호, 그렇군요."

"북극성은 작은곰자리에 속하는 별이야. 따라서 작은곰자리도 일 년 내내 볼 수 있지. 게다가 북극성 근처에 있는 큰곰자리, 카시오페이아자리 등도 같은 원리로 일 년 내내 볼 수 있어."

"계절에 따라 달라지는 별자리도 있고, 일 년 내내 볼 수 있는 별자리도 있군요? 정말 별자리는 신비하고도 재미있어요."

"그렇지? 앞으로 별자리뿐만 아니라 우주의 신비를 하나씩 밝혀 보자고. 오늘은 여기까지!"

 핵심정리

지구가 태양 주위를 공전하기 때문에 계절에 따라 보이는 별자리가 달라져. 반면 북극성은 지구의 북극 위에 떠 있고, 지구에서 아주 멀리 떨어져 있기 때문에 계절과 상관없이 늘 북쪽 하늘에서 볼 수 있어.

# 나선애의 정리노트

## 1. 별자리
① 지구에서 보이는 별들을 몇 개씩 묶어 여러 가지 동물이나 사람, 물건의 이름을 붙인 것
② 국제천문연맹에서 공식 별자리 ⓐ 개를 정함.
③ 지구에서 별자리를 이루는 별들까지의 실제 거리는 제각각 다름.

## 2. 별자리의 쓰임새
① 동서남북 방향을 찾을 때 이용함.
  [예] 북두칠성이 있는 곳이 ⓑ 쪽
② 천체의 위치를 찾거나 나타낼 때 이용함.
  [예] 북두칠성이나 카시오페이아자리를 이용해 ⓒ 의 위치를 찾고, 별자리를 이용해 유성우의 위치를 나타냄.

## 3. 계절별 별자리
① 지구가 태양 주위를 ⓓ 하기 때문에 계절에 따라 보이는 별자리가 달라짐.
② 지구의 ⓔ 위에 떠 있는 북극성과 그 주변에 위치한 큰곰자리와 작은곰자리, 카시오페이아자리 등은 일 년 내내 볼 수 있음.

정답 ⓐ 88 ⓑ 북 ⓒ 북극성 ⓓ 공전 ⓔ 자전축

# 과학퀴즈 달인을 찾아라!

●정답은 115쪽에

## 01

친구들이 이번 시간에 배운 내용에 대해 이야기하고 있어. 옳으면 O, 옳지 않으면 X를 표시해 줘.

① 별자리를 이루는 별들은 실제로 가까이 모여 있어. (　　)
② 북극성이 떠 있는 방향이 북쪽이야. (　　)
③ 일 년 내내 볼 수 있는 별자리는 없어. (　　)

## 02

다음 [보기]의 괄호 속에 들어갈 낱말들이 네모 칸에 숨어 있어. 가로, 세로, 대각선으로 연결해서 괄호에 들어갈 낱말을 찾아봐.

[보기]

별자리는 지구에서 보이는 별들을 몇 개씩 묶어 여러 가지 (　　)이나 (　　), 물건의 이름을 붙인 거야. 지구가 (　　) 주위를 공전하기 때문에 (　　)에 따라 보이는 별자리는 달라져.

| 사 | 자 | 전 | 차 |
|---|---|---|---|
| 람 | 체 | 동 | 물 |
| 태 | 육 | 계 | 장 |
| 평 | 양 | 절 | 대 |

"두기야, 무슨 걱정 있니?"

용선생이 걱정스러운 표정으로 앉아 있는 곽두기에게 말을 걸었다.

"그게요……. 아빠가 그러는데 태양이 점점 커지고 있대요. 점점 커지다가 지구도 집어삼킬 거라는데, 진짜예요?"

용선생이 웃으며 곽두기의 머리를 쓱쓱 쓰다듬었다.

 별인지 아닌지 어떻게 구분할까?

"우리 두기가 그게 걱정이었구나. 아빠 말씀이 맞기는 하지만, 그건 아주 먼 미래에 일어날 일이란다."

"아, 그래요? 근데 태양이 왜 커지는 거죠?"

"태양이 먼 미래에 그렇게 커지는 까닭은 태양이 별이라서 그래."

"네? 태양이 별이라고요? 태양은 엄청 크고 밝잖아요."

곽두기가 눈을 동그랗게 뜨고 물었다.

"하하, 밤하늘에 조그맣게 빛나는 것만 별인 줄 알았지? 별은 우주에 있는 천체 중에서 스스로 빛을 낼 수 있고 둥근 모양인 천체를 말해. 태양은 지구에 아주 가까이 있는 별이야."

"그럼 밤하늘에 반짝반짝 빛나는 건 모두 별이에요?"

장하다가 머리를 긁적이며 물었다.

"그건 아니야. 빛나는 천체라고 해서 모두 스스로 빛을 내는 건 아니거든. 예를 들어, 지구에서 보면 달도 빛나지? 근데 달은 스스로 빛을 내는 게 아니라 태양 빛을 반사시켜서 밝게 보이는 거야."

"달이 태양 빛을 반사시킨 건지 스스로 빛을 내는 건지 어떻게 알아요?"

"지구에서 보면 달은 매일 모양이 다르게 보이잖아. 반달, 보름달 같은 식으로 말이야. 이건 달이 태양 빛을 반사시키는 부분만 밝게 보이기 때문이야. 반면 스스로 빛을 내는 태양은 언제 어디서 보든 모양이 변하지 않지."

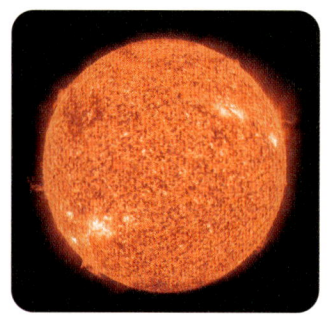
▲ 태양

▲ 달

**나선애의 과학 사전**

**반사** 빛이 물체의 표면에 부딪혀 되돌아가는 현상을 말해.

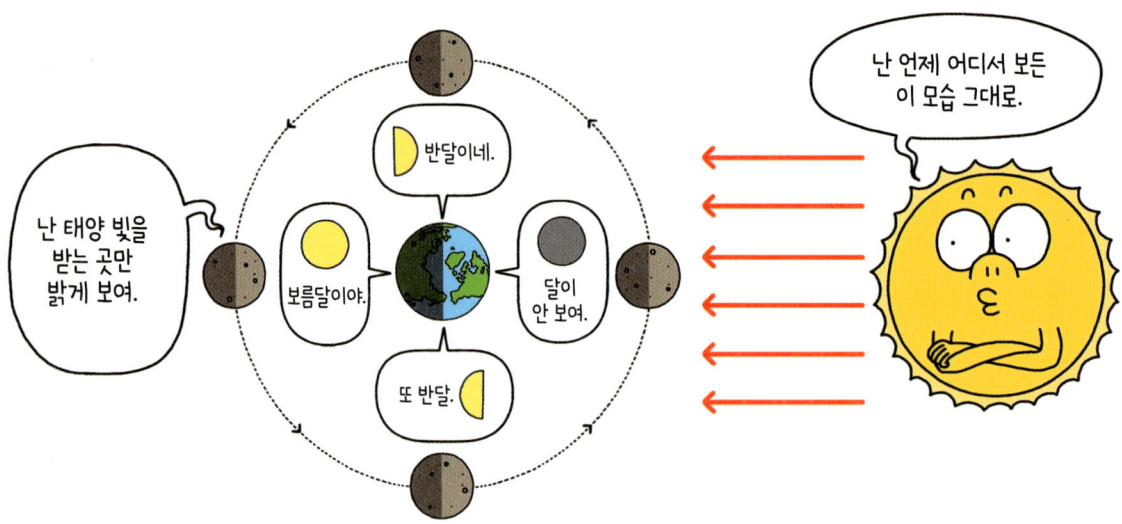

**나선애의 과학 사전**

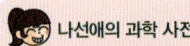

**태양계** 태양과 태양의 영향을 받는 천체들 그리고 이들이 차지하는 공간을 말해. 지구도 태양계의 구성원 중 하나야.

용선생은 이어서 설명했다.

"태양계에서 스스로 빛을 낼 수 있는 별은 오로지 태양뿐이야. 달뿐만 아니라 금성이나 화성, 심지어 인공위성도 지구에서 보면 밝게 보이지만 별은 아니지. 모두 태양 빛을 반사시켜서 밝게 보이는 것뿐이야."

"지난번에 배운 별자리는요? 별자리를 이루는 별들은 스스로 빛을 내는 거 맞아요?"

"맞아. 그 별들은 태양과 마찬가지로 스스로 빛을 낸단다. 태양계 밖에 있는 천체 중에서 지구에서 맨눈으로 볼 수 있는 것들은 스스로 빛을 내는 별밖에 없어."

"그럼 태양계 밖에 있고, 별이 아닌 천체는 맨눈으로 볼 수 없어요?"

"응. 태양을 제외한 모든 별들은 지구에서 아주 멀리 떨어져 있어. 그 별들 주위에도 금성이나 화성 같은 천체가 있겠지만, 스스로 빛을 내지 못하기 때문에 너무 어두워서 맨눈으로는 볼 수 없어."

"근데요, 별은 어떻게 스스로 빛을 내요?"

"아주 좋은 질문이야. 태양을 예로 설명해 볼게. 태양은 대부분 수소와 헬륨이라는 기체로 이루어져 있어. 태양은 어마어마하게 큰 힘으로 기체들을 태양 중심으로 끌어당기지. 이 힘을 중력이라고 해. 중력이 기체들을 태양 중심으로 끌어당기다 보니 중심 부분에 모여 있는 기체들은 아주 강하게 누르는 힘을 받아."

"그럼 어떻게 되는데요?"

"강하게 누르는 힘을 받으면 온도가 엄청나게 높아져. 그러면서 수소 여러 개가 합쳐져 헬륨으로 변해. 이 과정에서 어마어마한 열과 빛이 나오지. 별의 종류에 따라서 이

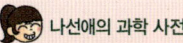

**나선애의 과학 사전**

**수소** 우주에서 가장 가볍고 가장 많은 물질이야. 우리 주변에서는 주로 기체 상태로 존재해. 불을 붙이면 폭발하는 성질이 있어.

**헬륨** 우주에서 수소 다음으로 가벼운 물질이야. 우리 주변에서는 주로 기체 상태로 존재해. 공기 중에 저절로 떠오르는 풍선 속에 있는 기체가 바로 헬륨이야.

**중력** 물체끼리 서로 끌어당기는 힘이야. 태양 같은 천체의 중력은 천체의 중심을 향해 작용해.

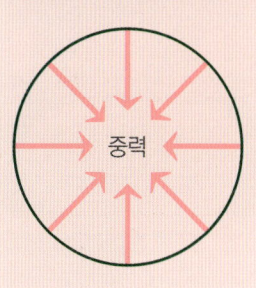

▼ 태양의 중심에서 수소가 합쳐져 헬륨이 되면서 열과 빛이 나와.

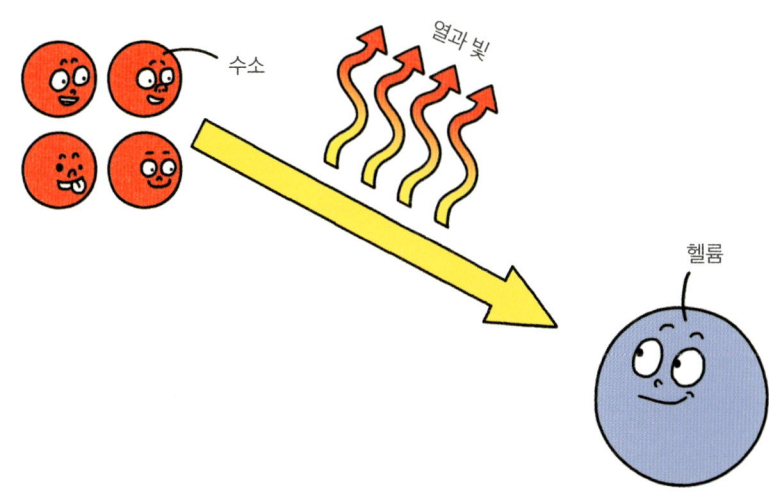

과정이 좀 더 복잡해지기도 하지만 별들은 모두 이런 식으로 빛을 낸단다."

"오호, 별은 빛을 내는 방법도 특별하네요."

별은 스스로 빛을 낼 수 있고 둥근 모양인 천체야. 태양과 같은 별 중앙에서는 수소 여러 개가 합쳐져 헬륨으로 변하면서 빛을 내.

 별의 또 다른 이름은?

용선생이 아이들을 둘러보며 물었다.

"별을 항성이라고도 해. 혹시 들어 본 적 있니?"

"들어 본 거 같기도 하고요……."

"그럼 행성이라는 말은?"

"아, 그건 들어 봤어요. 금성, 화성 이런 걸 행성이라고 하잖아요."

왕수재가 큰 소리로 말했다.

"하하, 맞아. 항성과 행성은 고대 그리스 시대에 생긴 말인데, 이 말이 어떻게 생겨났는지 알아보자."

용선생은 칠판에 크게 '항성'과 '행성'이라고 썼다.

"고대 그리스 사람들은 우주를 관측하다가 천체에 따라 움직임이 다르다는 걸 발견하고는, 천체의 움직임을 기준으로 항성과 행성으로 구분했어."

"움직임이 어떻게 다른데요?"

"먼저 항성의 움직임부터 알아보자. 맨눈으로 보았을 때 밤하늘에 보이는 천체들은 대부분 매일 아주 조금씩 일정한 방향으로 움직이는데, 천체들끼리 서로의 위치는 거의 바뀌지 않아. 별자리를 이루는 별들처럼 말이야."

> **용선생의 과학 현미경**
>
> 밤하늘의 천체들은 매일 아주 조금씩 동쪽에서 서쪽으로 움직이는 걸로 보여. 이것은 지구가 서쪽에서 동쪽으로 태양 주변을 공전하기 때문이야.

"오호, 그렇군요."

"그래서 고대 그리스 사람들은 눈에 보이는 대로 밤하늘에 천체들이 고정되어 있고, 밤하늘 자체가 동쪽에서 서쪽으로 천천히 움직인다고 생각했지. 이처럼 밤하늘에 고정되어 움직이는 것처럼 보이는 천체들을 항성이라고 불렀어."

"항성이 그런 뜻이었군요."

"응. 그런데 몇몇 천체는 항성과는 다른 방향으로 움직여. 심지어 움직이는 방향이 변하기도 하지. 이처럼 항성과는 다른 식으로 위치가 변하는 천체들은 행성이라고 불렀어."

> **나선애의 과학 사전**
>
> **항성** 항상 항(恒) 천체 성(星). 위치가 고정된 천체라는 뜻이야. 붙박이별이라고도 해.
>
> **행성** 다닐 행(行) 천체 성(星). 여기저기 돌아다니는 천체라는 뜻이야.

"그랬군요! 근데 항성과 행성의 움직임은 왜 다르게 보이는 거예요?"

"항성이라 불리던 천체는 알고 봤더니 태양계 밖에 있는 별들이었어. 그래서 오늘날 항성은 별과 같은 뜻으로 쓰여. 이 별들은 지구에서 아주 멀리 떨어져 있어서 별 하나하나의 움직임을 알아보기는 어려워. 그저 지구가 공전함에 따라 그 반대 방향으로 별 전체가 천천히 움직이는 걸로 보이지."

"오호, 그러면 행성은요?"

"행성은 태양 주위를 돌고 있는 금성, 화성 같은 천체들로 밝혀졌지. 그래서 오늘날에는 태양과 같은 항성 주위를 도는 천체들을 행성이라고 부른단다. 행성은 지구와 가까운 데다가 실제로 태양 주위를 빠르게 돌고 있기 때문에 항성과는 다른 식으로 움직이는 걸로 보여."

"그런 거였군요. 근데 태양도 항성이라고 해요? 태양은 하루 동안에도 위치가 계속 변하는데, 항성이라고 부르는 건 좀 이상해요."

"태양은 지구에 무척 가까이 있어서 다른 항성들과 움직임이 다르게 보여. 하지만 방금 말했듯이 오늘날 별과 항성은 같은 말로 쓰여. 따라서 태양도 항성이란다."

> **핵심정리**
>
> 오늘날 항성은 별과 같은 말로 쓰이고, 행성은 항성 주위를 돌고 있는 천체를 일컫는 말로 쓰여.

 **별의 탄생부터 죽음까지**

"이제 태양이 점점 커지는 거에 대해 속 시원히 해결 좀 해 주세요."

곽두기가 보채듯 말했다.

"하하, 그 얘기를 해 보자. 태양에서 수소 여러 개가 합

쳐져서 헬륨이 된다고 했지? 이런 현상 때문에 태양 속 수소의 양은 점점 줄고 헬륨의 양이 늘고 있어. 그에 따라 태양의 모양과 밝기도 변한단다."

"으…… 태양이 변하는 게 맞군요!"

"응. 태양뿐 아니라 모든 별은 태어나고, 모양이 변하다가, 사라지는 과정을 거쳐."

"네에? 별이 무슨 생물도 아니고 어떻게 그래요?"

"하하, 신기하지? 별은 질량에 따라 거치는 일생이 달라. 우선 태양과 질량이 비슷한 별들이 어떤 일생을 거치는지 알아보자."

아이들이 "네, 좋아요." 하며 자세를 고쳐 앉았다.

"우주 공간에는 '성간 물질'이라는 게 있어. 말 그대로 별과 별 사이에 있는 물질이라는 뜻이야. 주로 수소 같은 기체와 아주 작은 티끌들이지. 이러한 성간 물질이 많이 모여 있으면 아주 멀리서 보았을 때 마치 구름처럼 뿌옇게 보여. 그래서 이러한 천체를 성운이라고 부른단다."

"우아, 구름처럼 보일 정도로 많이 모여 있다니!"

"성간 물질이 어느 정도 모이면 점점 둥글게 뭉쳐져."

"왜요?"

"바로 중력 때문이지. 성간 물질이 모이면서 중심 부분

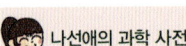

질량 물체가 가지는 고유한 양으로 물체를 이루는 물질의 양이야.

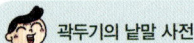

성간 천체 성(星) 사이 간(間). 별과 별 사이라는 뜻이야.

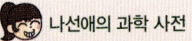

성운 천체 성(星) 구름 운(雲). 구름 모양의 천체라는 뜻이야.

을 누르는 힘이 커지면 아까 말한 대로 수소가 합쳐져서 헬륨으로 변하며 빛을 내."

"오호, 별이 태어난 건가요?"

"그렇지. 이렇게 태어난 별은 한동안 거의 같은 크기를 유지하며 계속 빛을 내. 그러다 보면 아까도 말했듯이 수소가 줄고 헬륨이 늘 수밖에 없어. 수소가 빛을 내는 재료였는데, 수소가 모두 바닥나면 어떻게 될까?"

"혹시…… 빛을 못 내게 되나요?"

"그렇지는 않아. 수소가 떨어지면 헬륨이 합쳐져 탄소로

▲ **성운** 성간 물질들이 많이 모여 구름처럼 보이는 천체야.

> **나선애의 과학 사전**
>
> **탄소** 흑연이나 다이아몬드를 이루는 물질이야. 우리 주변에서는 주로 고체로 존재해. 탄소는 다른 물질과 잘 결합하는 성질이 있어서 다양한 물체 속에 존재해.

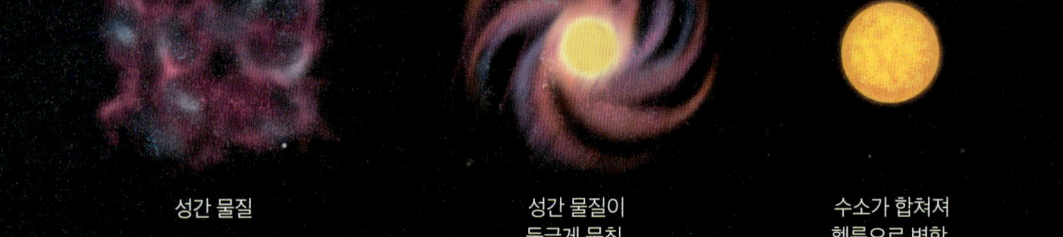

| 성간 물질 | 성간 물질이 동글게 뭉침. | 수소가 합쳐져 헬륨으로 변함. | 헬륨이 합쳐져 탄소로 변함. |

▲ 태양과 질량이 비슷한 별의 일생

> **장하다의 상식 사전**
>
> **지름** 원이나 구에서 중심을 지나며 둘레 위의 두 점을 잇는 직선의 길이를 말해. 주로 둥근 물체의 크기를 나타낼 때 지름을 사용해. 지름의 절반인 길이를 반지름이라고 해.

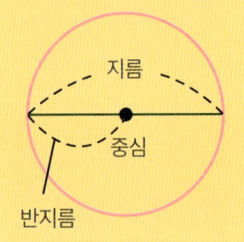

> **나선애의 과학 사전**
>
> **블랙홀** 엄청나게 큰 중력으로 모든 물질과 심지어 빛까지도 빨아들이는 천체야. 따라서 블랙홀에서는 어떤 것도 빠져나올 수 없어.

변하며 계속 빛을 내. 이때 신기한 일이 일어나."

"무슨 일이요?"

"별의 온도는 내려가고 지름은 점점 커진단다."

"별이 커진다고요? 전혀 생각지도 못했어요."

"별은 점점 커지다가 헬륨까지 다 떨어지면 중심 부분은 서서히 식어서 거의 지구만 한 크기의 작은 천체로 남고, 바깥 부분은 다시 성간 물질이 되어 또 다른 별의 재료로 쓰이지."

"우아! 성간 물질에서 시작된 별의 일부가 다시 성간 물질로 돌아갔네요."

"그렇지. 그런데 모든 별이 이런 과정을 거치는 건 아니야. 예를 들어 태양보다 질량이 훨씬 큰 별은 갑자기 폭발한 다음에 블랙홀 같은 특이한 천체가 되기도 해."

"오, 신기해요! 그럼 태양은 앞으로 어떻게 될까요?"

"태양은 앞으로 50억 년 정도는 지금과 같을 거야. 수소

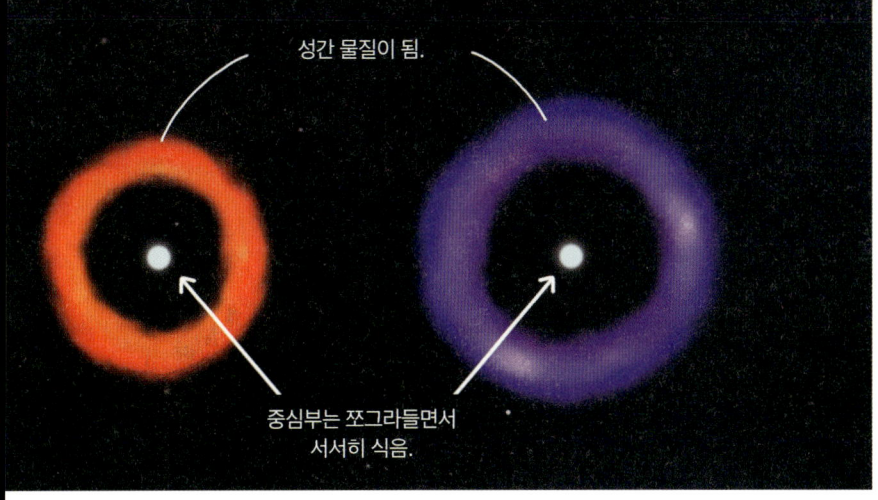
성간 물질이 됨.
중심부는 쪼그라들면서 서서히 식음.

를 다 사용하려면 그 정도는 걸리거든. 그 이후에는 헬륨을 합치며 점점 커지겠지. 과학자들은 태양이 지금의 화성이 있는 위치까지 커질 거라고 추측해."

"으악! 지구는 화성보다 태양에 가까이 있으니까 태양에 파묻히겠네요."

"아마도 그렇겠지. 하지만 아직 50억 년이라는 시간이 남아 있으니 걱정할 필요는 없어."

"어휴, 태양이 지구를 집어삼킬 만큼 커지는 게 50억 년 뒤라는 거죠? 아빠가 저를 놀린 게 분명해요!"

"하하! 진정해, 두기야. 덕분에 좋은 공부를 했잖니? 기분 풀고, 오늘은 여기까지!"

핵심정리

별은 성간 물질이 뭉쳐져서 만들어지고, 수소가 합쳐지면서 빛을 내. 별이 수소를 다 쓰면 헬륨이 합쳐지면서 크기가 커져. 이렇게 커진 별의 일부는 다시 성간 물질이 되어 다른 별의 재료가 돼.

## 나선애의 정리노트

### 1. 별
① 스스로 ⓐ____을 낼 수 있고 둥근 모양인 천체
② 중심부에서 ⓑ____ 여러 개가 합쳐져 헬륨으로 변하면서 빛을 냄.
③ ⓒ____이라고도 함.

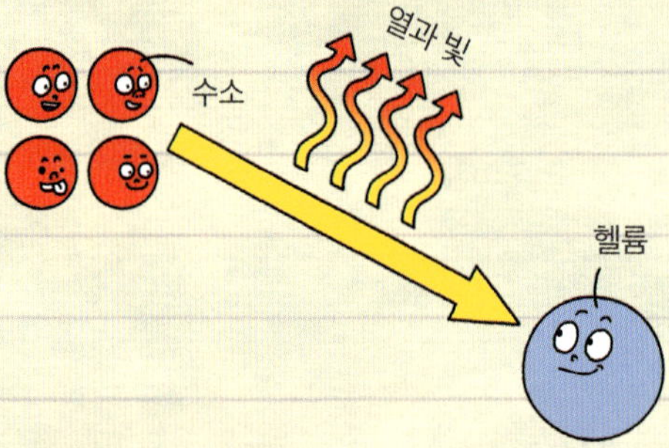

### 2. 별의 일생
① 태양과 질량이 비슷한 별의 일생
- 성간 물질이 뭉쳐져 둥근 모양이 됨.
- 수소가 합쳐지면서 빛을 내는 별이 됨.
- 수소가 모두 바닥나면 ⓓ____이 합쳐지면서 크기가 커짐.
- 헬륨이 바닥나면 중심 부분은 작은 천체로 남고, 바깥 부분은 다시 ⓔ____ 물질이 됨.

② 별의 질량에 따라 일생은 다름.
- 태양보다 질량이 훨씬 큰 별은 블랙홀이 되기도 함.

ⓐ 빛 ⓑ 수소 ⓒ 항성 ⓓ 헬륨 ⓔ 성간

# 과학퀴즈 달인을 찾아라!

●정답은 115쪽에

## 01

친구들이 이번 시간에 배운 내용에 대해 이야기하고 있어. 옳으면 O, 옳지 않으면 X를 표시해 줘.

① 태양은 별이지만 항성은 아니야. (　　)
② 태양은 50억 년 후 블랙홀이 될 거야. (　　)
③ 별의 재료는 성간 물질이야. (　　)

## 02

장하다가 방 탈출 게임을 하고 있어. 보기 의 괄호 안에 들어갈 말들을 순서대로 찾아야 탈출할 수 있대. 장하다가 방을 나갈 수 있게 도와줘.

> 보기
>
> 별은 스스로 (　　)을 낼 수 있고, (　　) 모양인 천체야. (　　)이라고도 해.

| 용선생의 과학 카페 | 용선생의 한국사 카페 | 용선생의 세계사 카페 |

https://cafe.naver.com/yongyong

## 용선생의 과학 카페

과학계의 핵인싸,
용선생의 과학 카페에
오신 걸 환영합니다.

Log in

MENU
물리면 아프다
화학이 화하하
생물 오징어
지구는 둥글다

## 블랙홀의 정체는?

 선생님, 블랙홀이 뭐예요?

 블랙홀(Black Hole)은 중력이 아주 커서 빛조차 빠져나올 수 없는 천체야. 블랙홀은 보통 태양보다 질량이 세 배 이상 큰 별이 변해서 생겨나. 우리가 어떤 천체를 보려면 그 천체에서 나온 빛을 볼 수 있어야 하는데, 블랙홀에서는 빛이 나오지 않기 때문에 블랙홀 자체를 보는 건 불가능하단다.

 그럼 어떻게 블랙홀을 발견한 거죠?

 과학자들은 1700년대부터 블랙홀이 존재할 것으로 추측했어. 그러다 1970년에 들어서 실제로 블랙홀을 발견했지. 블랙홀 주변에서는 '엑스선'이라는 전파가 나와. 엑스선은

▼ 블랙홀 백조자리 X-1의 상상도

병원에서 뼈를 촬영할 때도 이용하는 전파야. 과학자들은 인공위성으로 엑스선을 관측한 끝에 백조자리에서 X-1이라는 블랙홀을 발견하는 데 성공했어.

 오호, 그럼 블랙홀이 어떤 모양인지도 알아낸 거예요?

 그건 아니야. 단지 그곳에 블랙홀이 있다는 걸 알아냈을 뿐이지. 2017년에는 블랙홀의 테두리를 관측해 블랙홀의 모양을 간접적으로 알아내기 위해 6개 대륙에 있는 8개 망원경을 연결해서 10일 동안 처녀자리 중심부를 동시에 관측했어. 미국과 독일에서 슈퍼컴퓨터로 약 2년 동안 분석해서 2019년에 블랙홀의 테두리 모습을 컴퓨터 그래픽으로 그려냈지. 이게 바로 그 사진이야.

- 장하다의 오답을 피하는 방법
- 나선애의 야무진 실험실
- 왕수재의 아는 척 과학교실
- 허영심의 별 헤는 밤
- 곽두기의 빅뱅 따라잡기

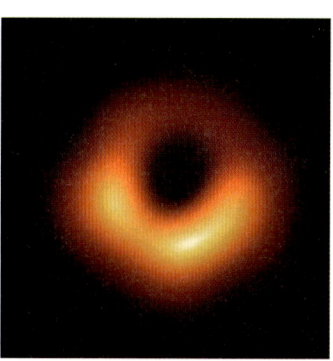
▲ 처녀자리 중심부의 블랙홀

 힝, 그냥 동그란 반지 같은데요?

 하하, 이래 봬도 지름이 160억 km나 된단다. 지구와 태양 사이 거리의 100배 정도니까 어마어마하지?

## COMMENTS

 블랙홀은 구멍 난 도너츠처럼 생겼네.

ㄴ  외눈박이 도깨비가 웃고 있는 것처럼 보이는데?

ㄴ  위대한 발견을 두고 그런 상상이나 하다니!

3교시 | 별의 거리

# 별까지의 거리를 재는 자가 있을까?

나랑 별 따러 갈 사람!

무슨 소리야. 별은 엄청 멀리 있다고!

**교과연계**

**초** 5-1 태양계와 별
**중** 3 별과 우주

용선생과 아이들은 학교 옥상에서 별을 관측하고 있었다.

"선생님, 별들이 참 예뻐요. 손을 뻗으면 금방이라도 잡힐 거 같아요."

허영심의 말에 장하다가 웃으며 말했다.

"헤헤. 내가 하나 따다 줄까?"

그러자 용선생이 끼어들며 말했다.

"그건 어려울걸. 별들은 아주 아주 멀리 있으니까."

"아이참, 선생님도…… 농담이죠!"

"근데 별까지의 거리는 어떻게 알 수 있어요? 그렇게 긴 자가 있는 것도 아닐 텐데……."

"그러게. 별까지 거리를 잴 수 있긴 해요?"

"하하, 그건 과학실로 돌아가서 알아볼까?"

"네, 좋아요!"

## 우주에서 거리를 나타내려면?

"별까지의 거리를 재는 법을 알아보기 전에 먼저 알아 두어야 할 게 있어."

"뭔데요?"

"바로 우주에서 쓰는 거리 단위야."

"거리 단위요?"

"응. 거리 단위는 m(미터)나 km(킬로미터)처럼 거리를 나타내는 숫자 뒤에 붙이는 거야."

"아하, 그렇군요. 그런데 우주에서 쓰는 거리 단위는 뭐가 다른가요?"

아이들이 고개를 갸우뚱했다.

"응. 지구에서 거리를 나타낼 때에는 m나 km 단위만으로 충분해. 지구에서 우리나라로부터 제일 먼 곳은 남아메리카에 있는 아르헨티나인데 거기까지 거리가 2만 km 정도이지. 지구에서 거리를 나타낼 때에는 km 단위를 써도 숫자가 그리 크지 않아."

"그러네요."

"그런데 우주로 가면 사정이 달라져. 예를 들어 볼게. 지구에서 태양까지의 거리를 km 단위로 나타내면 약 1억

5000만 km란다."

"어휴. 1억 5000만 km라니……. 숫자로 쓰면 0이 도대체 몇 개예요?"

"그러게요. 매번 그렇게 쓰려면 불편하겠어요."

"과학자들도 비슷한 고민을 했어. 그래서 우주에서 사용하는 거리 단위를 새롭게 만들었지."

"오호, 역시 우리만 이런 생각을 한 건 아니었군요."

"응. 과학자들은 지구와 태양 사이의 거리를 1 AU(에이유)라고 정했단다."

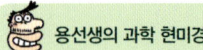

Astronomical Unit(천문단위)의 앞 글자를 딴 거야.

"AU요?"

"우리말로 천문단위라고도 해. 1 AU는 지구와 태양 사이의 거리니까 약 1억 5000만 km와 같은 값이야."

"이제 좀 간편해지겠네요."

"당연하지. 태양계 행성 중 지구에서 가장 멀리 있는 게 해왕성이야. 태양에서 해왕성까지의 거리는 약 45억 km인데, AU를 쓰면 30 AU라고 간단히 나타낼 수 있지."

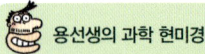

45억 km는 1억 5000만 km의 30배야. 따라서 30 AU이지.

"와, 거리 단위를 AU로 바꾸니까 숫자가 확 줄어드네요. 이제 우주에서는 AU 단위를 쓰면 다 해결되겠어요."

"하하, 과연 그럴까? 태양계 안에서는 AU 단위로도 충분하지만, 태양계 밖에 있는 천체들까지의 거리를 나타낼

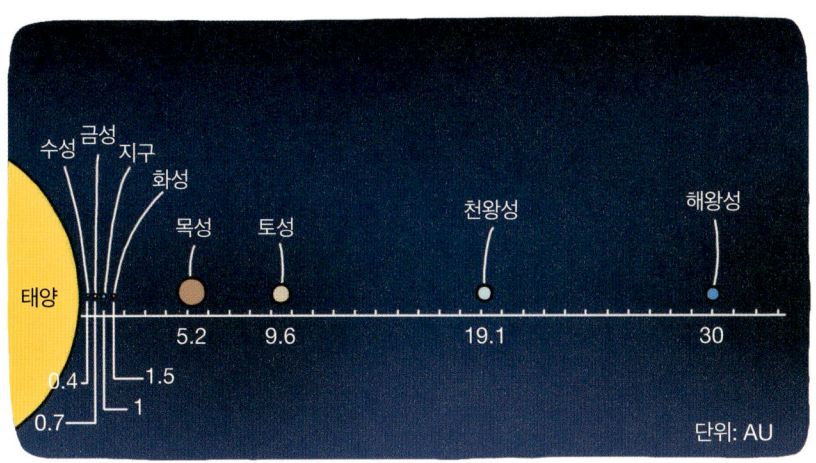

▲ **태양계 행성의 거리** 태양에서 각 행성까지의 거리야.

때에는 AU 단위를 써도 숫자가 여전히 크단다. 예를 들어, 태양계 밖에 있는 별 중 지구에서 가장 가까운 별은 지구에서 약 26만 AU 떨어져 있어."

"어휴, 산 넘어 산이네요. 그럼 또 어떡해요?"

▲ **켄타우루스자리 프록시마별** 태양을 제외하고 지구에서 가장 가까운 별이야.

**핵심정리**

우주에서 거리 단위로 m나 km를 사용하면 숫자가 매우 커져. 그래서 AU 라는 거리 단위를 새로 만들었어. 1AU는 지구와 태양 사이의 거리로, 약 1억 5000만 km야.

 ## 거리가 멀어지면 달라지는 것은?

"그래서 과학자들은 더 큰 거리를 간편히 나타낼 수 있는 거리 단위를 또 만들었어. 바로 '광년'과 '파섹'이라는 거야."

"광년? 파섹? 이름이 왜 그래요? 하하!"

장하다가 재미있다는 듯이 크게 웃었다.

"광년과 파섹은 별의 거리를 측정하는 과정에서 만들어진 단위야."

"오호, 어떻게 만들어졌는데요?"

"과학자들은 오래전부터 별까지의 거리를 측정하기 위해 많은 애를 썼어. 많은 노력 끝에 별의 시차를 이용하는 방법을 찾았어."

"시차가 뭐예요?"

용선생은 그림을 한 장 띄우고 설명했다.

"차를 타고 가면서 길가에 있는 나무를 관측한다고 생

> **나선애의 과학 사전**
>
> 시차 볼 시(視) 다를 차(差). 어떤 물체를 서로 다른 곳에서 보았을 때 생기는 물체의 위치 차이를 말해.

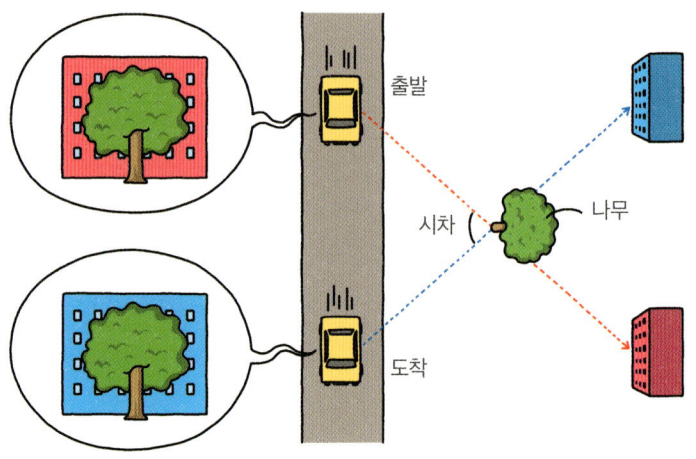

▶ 물체의 시차

각해 보자. 출발할 때에는 나무가 빨간 건물 앞에 있는 것으로 보이지만, 도착할 때에는 나무가 파란 건물 앞에 있는 것으로 보여. 관측하는 위치에 따라 물체의 배경이 달라지는 거지."

"나무는 같은 자리에 그대로 있는데 보는 사람이 움직이니까 뒤에 있는 배경이 달라지네요."

"맞아. 이처럼 관측하는 사람이 움직인 상황에서, 관측이 이루어진 두 위치와 물체를 각각 선으로 연결했을 때 두 선이 이루는 각도를 시차라고 해."

"그러니까 출발점에서 물체까지 이은 선과, 도착점에서 물체까지 이은 선이 이루는 각도라는 거죠?"

"그렇지! 여기서 중요한 점은 관측하는 두 위치가 유지될 때 관측하는 사람과 물체가 가까울수록 시차가 크고, 멀수록 시차가 작다는 거야."

"오, 정말 물체의 거리에 따라 시차가 다르네요."

> **장하다의 상식 사전**
>
> **각도** 한 점에서 갈라져 나간 두 직선이 벌어진 정도를 말해.

> **곽두기의 낱말 사전**
>
> **유지** 맬 유(維) 버틸 지(持). 어떤 상태나 상황이 변함없이 계속된다는 뜻이야.

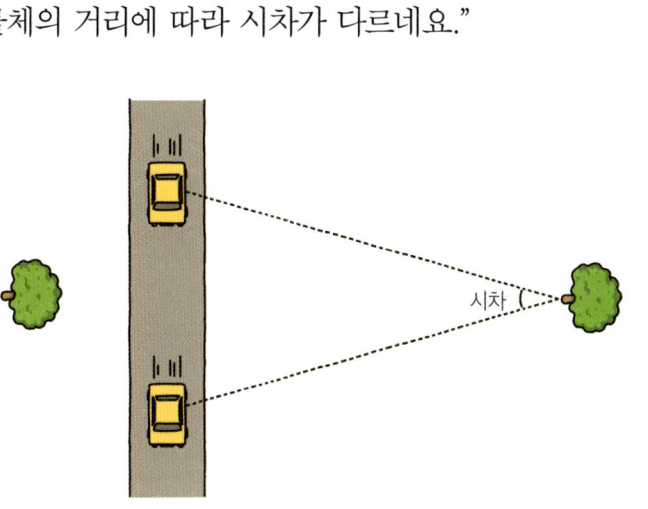

◀ 물체의 시차와 거리의 관계
가까울수록 시차가 크고, 멀수록 시차가 작아.

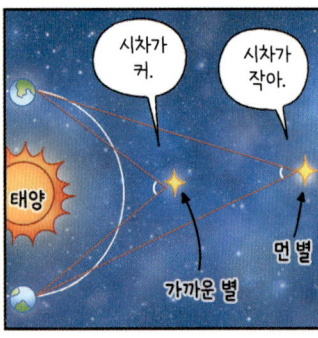

"그렇지. 이러한 시차의 원리를 이용하면 지구와 별의 거리를 구할 수 있어. 나무 대신 별을 관측한다고 생각해 봐. 별이 지구에 가까이 있으면 시차가 크고, 멀리 있으면 시차가 작겠지?"

"그렇겠네요. 그럼 별의 시차는 어떻게 구해요? 자동차 대신 우주선이라도 타고 가면서 재야 하나요?"

장하다가 고개를 갸우뚱했다.

"하하! 그럴 필요는 없어. 지구는 태양 둘레를 공전하기 때문에 서로 다른 시기에 별을 관측하면 시차를 구할 수 있단다. 6개월 간격으로 시차를 측정하면 가장 큰 값을 얻을 수 있지."

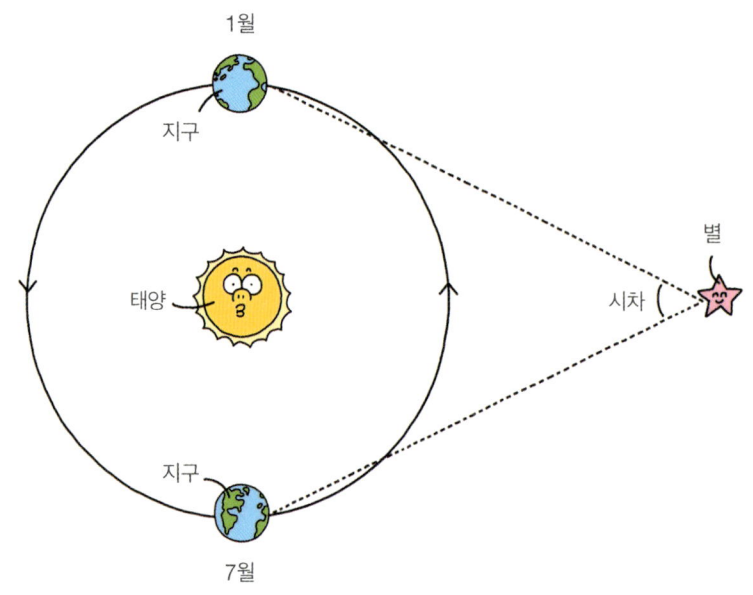

▲ **별의 시차** 6개월 간격으로 별을 관측할 때 시차가 가장 커.

"와아, 지구가 움직이는 우주선인 셈이네요."

"하하, 그렇지?"

**핵심정리**

관측하는 사람이 움직일 때 관측이 이루어진 두 위치와 물체가 이루는 각도를 시차라고 해. 관측하는 두 위치가 유지될 때 물체가 가까이 있으면 시차가 크고, 물체가 멀리 있으면 시차가 작아.

## 별까지의 거리를 재려면?

"그런데 말이야, 별들은 워낙 멀리 있어서 시차가 아주 작아. 대부분 몇천 분의 1도, 몇만 분의 1도밖에 되지 않지."

"진짜 작네요."

장하다가 눈을 가늘게 뜨며 말했다.

"그러다 보니 몇만 분의 1도까지 측정할 수 있는 정교한 망원경을 개발할 때까지 별의 시차를 측정하는 건 거의 불가능했어."

용선생은 그림을 띄우고 설명을 이었다.

"마침내 망원경의 발전으로 과학자들은 별의 시차를 측

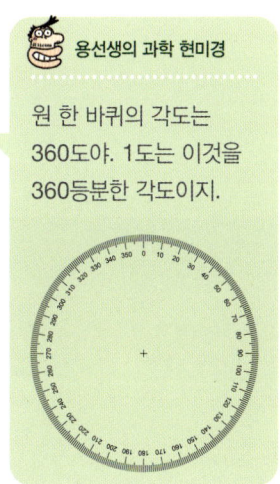

**용선생의 과학 현미경**

원 한 바퀴의 각도는 360도야. 1도는 이것을 360등분한 각도이지.

▲ 프리드리히 베셀
(1784년~1846년) 독일의 천문학자야. 독일의 쾨니히스베르크 천문대 대장으로 있으면서 별의 시차를 관측했어.

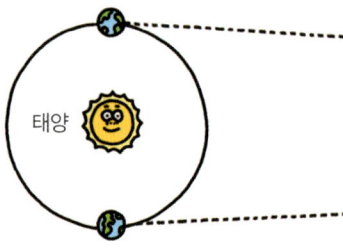

정하는 데 성공했어. 최초로 별의 시차를 관측한 사람은 베셀이라는 천문학자야. 베셀이 관측한 별은 백조자리에 있는 61번 별이었어. 이 별의 시차는 $\frac{1}{5,000}$도도 되지 않았단다."

"그 작은 걸 측정해 내다니, 대단한데요?"

"그치? 별의 시차는 거리를 구하기 위해서도 필요하지만, 지구가 공전한다는 증거가 되기도 해. 지구가 공전하기 때문에 별의 시차가 생기니까 말이야. 따라서 베셀이 별의 시차를 관측한 것은 천문학에서 아주 큰 업적이야."

왕수재가 고개를 끄덕이며 말했다.

"베셀이라는 천문학자는 처음 알았는데, 엄청 훌륭한 분이네요. 꼭 기억해 두어야겠어요."

"그러면 좋겠구나. 베셀은 백조자리 61번 별의 시차를 이용해 거기까지의 거리가 약 70만 AU라는 걸 계산해 냈어. 그리고 시차를 이용해 잰 별까지의 거리를 나타내기 위해 AU보다 큰 파섹이라는 거리 단위를 만들었지."

▲ 백조자리 61번 별 훗날 두 개의 별로 이루어진 쌍성으로 밝혀졌어.

"파섹은 어느 정도나 되는데요?"

"1파섹은 약 20만 AU야. 그래서 백조자리 61번 별까지의 거리는 약 3.5파섹이라고 간단히 나타낼 수 있단다."

나선애가 노트를 뒤적이더니 물었다.

"그러면 광년은 어떻게 정해졌어요?"

### 용선생의 과학 현미경

## 파섹은 어떻게 만들어졌을까?

파섹이라는 단위는 어떻게 만들어졌을까? 지구에서 6개월 간격으로 측정한 시차의 절반을 '연주 시차'라고 하는데 파섹은 연주 시차와 관련이 있어.

1파섹은 연주 시차가 $\frac{1}{3,600}$도일 때, 태양으로부터 별까지의 거리를 말해. 파섹은 영어로 pc라고 써.

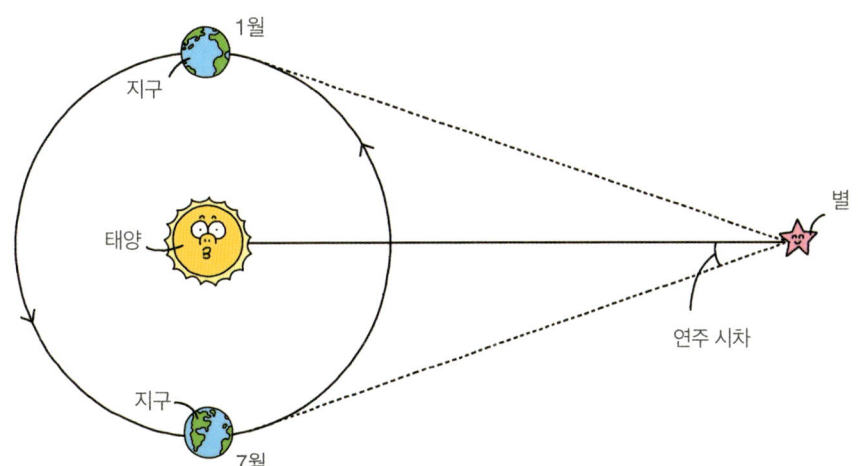

"베셀이 별의 거리를 파섹이라는 단위로 발표했더니, 대부분의 사람들은 난생처음 듣는 단위라서 그게 어느 정도의 거리인지 감을 잡지 못했어. 그래서 사람들이 좀 더 이해하기 쉽게 광년이라는 거리 단위를 만들어 설명했어. 그랬더니 사람들이 비교적 쉽게 이해했지."

"어떻게 설명했길래요?"

"1광년은 빛이 1년 동안 나아가는 거리를 말해. 베셀은 '빛의 속도로 나는 비행선을 타고 백조자리 61번 별까지 가려면 약 11년이 걸립니다. 이 거리를 약 11광년이라고 합니다.' 이렇게 설명했지."

"오호, 정말 파섹보다는 훨씬 알아듣기 쉽군요."

"하하, 하지만 과학자들은 광년보다는 파섹을 더 많이 사용한단다. 참고로, 1파섹은 약 3.26광년이야."

"어쨌든 아주 멀리 있는 별이라도 시차만 알면 거리를 알아낼 수 있다는 거네요."

> **용선생의 과학 현미경**
>
> 빛은 정해진 시간 동안 일정한 거리를 나아가는 성질이 있어. 1초에 약 30만 km를 가지. 1광년은 약 9조 5000억 km, 또는 약 6만 3000 AU야.

|  | km | AU | 광년 | 파섹 |
|---|---|---|---|---|
| 1AU | 약 1억 5000만 | 1 | - | - |
| 1광년 | 약 9조 5000억 | 약 6만 3000 | 1 | - |
| 1파섹 | 약 31조 | 약 20만 | 약 3.26 | 1 |

▶ 거리 단위의 관계

"아쉽게도 그건 아니야. 대부분의 별들은 아주 멀리 있어서 시차를 정확히 측정하는 게 여전히 힘들어. 보통 100파섹보다 가까이 있는 별들의 거리를 측정하는 데 시차를 이용해."

"그럼 그보다 멀리 있는 별의 거리는 알 수 없나요?"

"그 경우에는 또 다른 방법을 이용해. 예를 들어, 별의 밝기를 이용하는 방법이 있어. 이 밖에도 과학자들이 계속해서 새로운 방법을 찾았고, 또 찾고 있지."

"네, 알겠어요. 별의 거리를 알고 보니 우주는 정말 넓고도 넓네요. 그래서 더 재밌는 거 같기도 하고요."

"아주 좋은 자세야. 그럼 오늘 수업은 여기까지!"

 **핵심정리**

별의 거리를 간단히 나타내기 위해 파섹과 광년이라는 거리 단위를 사용해. 1파섹은 약 20만 AU이고, 1광년은 빛이 1년 동안 나아가는 거리야.

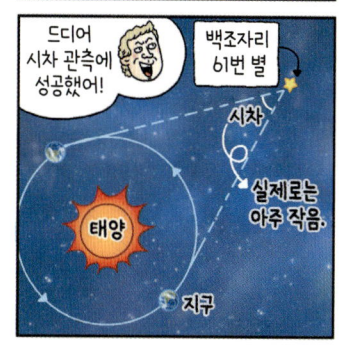

## 1. 시차

① 관측하는 사람이 움직일 때 관측이 이루어진 두 위치와 물체가 이루는 ⓐ_____

② 시차와 ⓑ_____의 관계
- 물체가 가까이 있으면 시차가 큼.
- 물체가 멀리 있으면 시차가 작음.

## 2. 우주에서 쓰는 거리 단위

① 천체 간의 거리가 너무 멀기 때문에 m나 km보다 더 큰 단위를 씀.

② AU(에이유)
- 지구에서 ⓒ_____까지의 거리를 1로 잡은 거리 단위
- 주로 태양계 내에서 사용함.
- 1AU = 약 1억 5000만 km

③ 파섹
- 시차를 이용해 잰 별까지의 거리를 간단히 나타내기 위해 만든 거리 단위
- 1파섹 = 약 20만 AU = 약 3.26광년

④ 광년
- 빛이 ⓓ_____년 동안 나아간 거리를 1로 잡은 거리 단위

ⓐ 각도 ⓑ 거리 ⓒ 태양 ⓓ 1

## 과학퀴즈 🧪 달인을 찾아라!

●정답은 115쪽에

### 01

친구들이 이번 시간에 배운 내용에 대해 이야기하고 있어. 옳으면 O, 옳지 않으면 X를 표시해 줘.

① 시차는 관측하는 사람이 움직일 때 생겨. (　　)
② 물체가 가까이 있으면 시차가 작아. (　　)
③ 시차를 이용해 모든 별의 거리를 잴 수 있어. (　　)

### 02

나선애가 로켓을 타고 저 멀리에 있는 별까지 가려고 해. 중간중간 표시된 거리를 가장 작은 값부터 가장 큰 값까지 순서대로 따라가면 쉽게 도착할 수 있어. 나선애에게 길을 알려 주자.

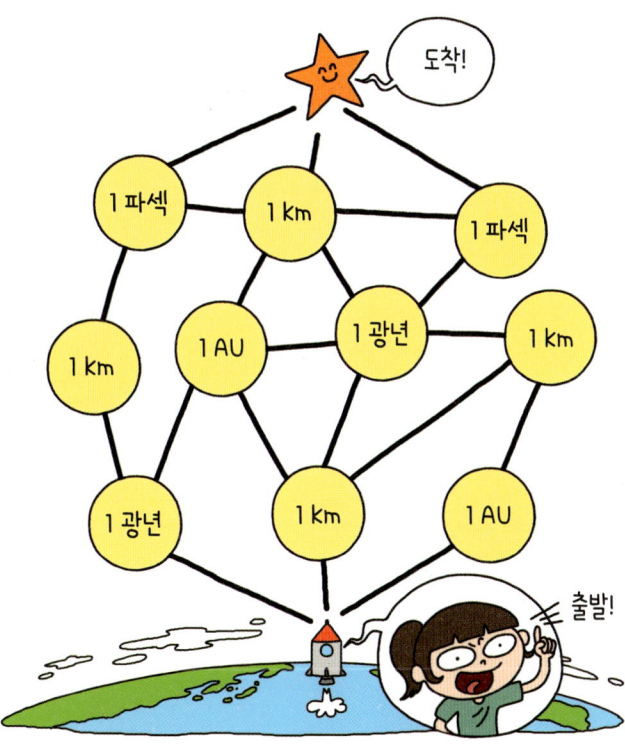

 용선생의 한국사 카페    용선생의 세계사 카페

https://cafe.naver.com/yongyong

## 용선생의 과학 카페

과학계의 핵인싸.
용선생의 과학 카페에
오신 걸 환영합니다.

Log in

### MENU

물리면 아프다
화학이 화하하
생물 오징어
지구는 둥글다

## 달에 거울을 설치한 까닭은?

 달까지 거리는 어떻게 재요? 별처럼 시차를 이용하나요?

 달도 비슷한 방법을 쓸 수는 있어. 하지만 훨씬 간단한 방법이 있지.

 어떤 방법인데요?

 빛을 쏘아서 거리를 측정하는 방법이야. 이를 위해 미국 항공 우주국(NASA)에서 아폴로 11호, 14호, 15호를 이용해 달에 거울을 설치했어.

▲ **달에 설치된 거울** 아폴로 14호(왼쪽)와 15호(오른쪽)가 설치한 거울로, 작은 거울 여러 개로 이루어져 있어.

 거울에 빛을 쏘는 건가요? 그걸로 거리를 어떻게 알아요?

 거울이 빛을 반사한다는 건 다 알고 있지?

그럼요. 그걸로 장난도 많이 치는데요. 헤헤.

 마찬가지로 달 표면에 설치한 거울에 빛을 쏘면 빛이 거울에 반사돼서 돌아와. 빛은 1초에 약 30만 km를 가고 이 값은 일정하기 때문에, 빛이 반사되어 되돌아오는 시간을 재면 거리를 알 수 있지.

 좀 더 자세히 설명해 주세요.

 예를 들어, 지구에서 달로 쏜 빛이 되돌아오는 데 2초가 걸렸다면 지구에서 출발한 빛이 달까지 가는 데에는 1초가 걸렸다는 뜻이야. 이 경우 지구와 달의 거리는 약 30만 km라는 걸 알 수 있지. 실제로 지구에서 달까지 빛이 가는 데에는 1초가 조금 더 걸리고 지구와 달의 거리는 약 38만 4000 km란다. 아주 간단하지?

- 장하다의 오답을 피하는 방법
- 나선애의 야무진 실험실
- 왕수재의 아는 척 과학교실
- 허영심의 별 헤는 밤
- 곽두기의 빅뱅 따라잡기

### COMMENTS

 천체마다 모두 거울을 설치하면 되겠군!
ㄴ  그 천체까지는 어떻게 갈 건데?
ㄴ  허걱. 그것부터 해결해야겠네.
ㄴ  마음의 거울부터 닦아!

4교시 | 별의 밝기

# 별의 밝기를 정확히 나타내려면?

엄청나게 밝은 별이야!

시리우스라는 별이야.

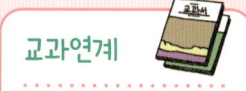

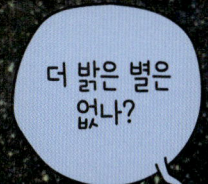
더 밝은 별은 없나?

별의 밝기를 알아볼까?

"우아! 저 밝은 별은 뭐야?"

별 관측을 나온 아이들이 호들갑을 떨자 왕수재가 안경을 쓱 올리며 말했다.

"그것도 몰라? 저건 시리우스라는 별이야. 밤하늘에서 가장 밝은 별이지."

"우아! 왕수재, 너 달리 보인다."

"매일 별 관측하더니 아는 게 많아졌구나."

"에헴, 이 정도는 기본이지!"

이때 아이들을 조용히 지켜보던 용선생이 말했다.

"흠흠, 근데 시리우스가 실제로 우주에서 가장 밝은 별일까?"

"네? 시리우스가 우주에서 제일 밝은 별이 아니라는 말씀이세요?"

왕수재가 고개를 갸우뚱하며 물었다.

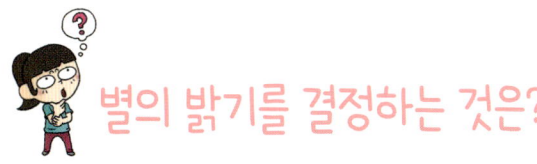
## 별의 밝기를 결정하는 것은?

"정확하게 표현하려면 시리우스는 지구에 있는 우리에게 가장 밝게 보이는 별이라고 해야 해. 물론 태양은 빼고 말이지."

"지구가 아닌 곳에서 보면 제일 밝게 보이는 별이 다를 수도 있다는 거예요?"

나선애가 진지한 표정으로 물었다.

▲ 시리우스

"그렇지. 별의 밝기는 모두 제각각이야. 또 지구에서 별까지의 거리도 모두 다르지. 만약 모든 별이 지구에서 같은 거리에 있다면 실제 별의 밝기는 우리가 눈으로 보는 것과 같겠지?"

"그야 그렇겠죠."

"이때 별의 밝기는 별이 내뿜는 빛의 양에 따라 달라질 거야. 빛을 많이 내뿜는 별이 밝게 보이고, 빛을 적게 내뿜는 별은 어두워 보이겠지."

아이들이 고개를 끄덕였다.

"만약 내뿜는 빛의 양이 똑같은 별 두 개가 지구에서 서로 다른 거리에 떨어져 있다면 우리 눈에 어떻게 보일까?"

"음……. 가까이 있는 별이 더 밝게 보이고, 멀리 있는 별은 더 어둡게 보일 것 같아요."

"맞았어. 그 말은 별의 거리에 따라 우리가 보는 별의 밝기가 다를 수 있다는 거야."

"오호, 그렇다면 시리우스보다 실제로 더 밝은 별도 있는데, 시리우스보다 더 멀리 있어서 우리 눈에 어둡게 보일 수도 있겠네요."

"그렇지. 별빛은 사방으로 퍼져 나가기 때문에 거리가 멀어질수록 밝기는 빠르게 줄어든단다. 거리가 2배 멀어지면 빛이 비추는 넓이는 4배로 커지고 밝기는 $\frac{1}{4}$로 줄어들지. 같은 원리로 거리가 3배 멀어지면 밝기는 $\frac{1}{9}$로 줄어든단다."

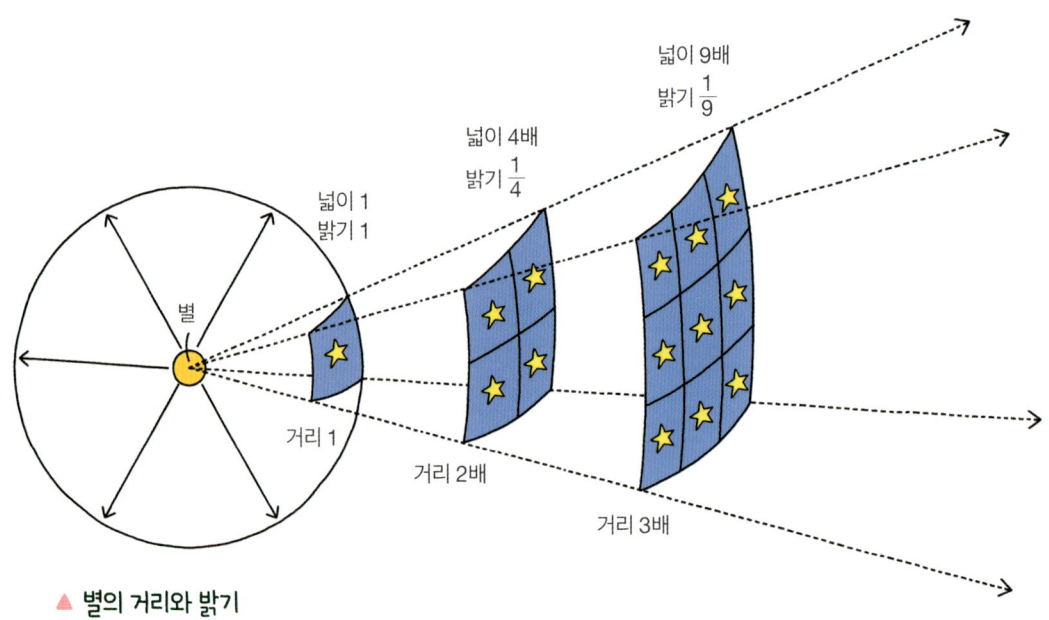

▲ 별의 거리와 밝기

"우아! 정말 별까지의 거리가 멀어질수록 별의 밝기는 팍팍 줄어드네요."

**핵심정리**

우리가 눈으로 보는 별의 밝기는 별이 내뿜는 빛의 양과 별의 거리에 따라 달라져. 별이 멀어질수록 밝기는 빠르게 줄어들어.

 ## 별의 밝기를 표현하려면?

"얘들아, 밤하늘의 별들은 밝기가 제각각이라고 했지? 그러다 보니 별이 얼마나 밝은지 설명하거나 별끼리 밝기를 비교해야 하는 경우도 많은데, 별의 밝기를 정확히 표현할 수는 없을까?"

아이들은 뾰족한 수가 없는지 조용하기만 했다.

"하하, 선생님이 힌트를 하나 줄게. 온도나 거리 모두 숫자로 나타내잖아? 마찬가지로……."

용선생이 채 말을 마치기도 전에 나선애가 나섰다.

"별의 밝기도 숫자로 나타내면 되겠네요!"

"아주 좋은 방법이야. 고대 그리스 시대에 히파르코스라

▲ 히파르코스
(기원전 190년~기원전 120년)
고대 그리스의 천문학자이자 수학자야. 지구에서 달까지의 거리를 계산해 내기도 했어.

는 과학자도 같은 생각을 했어. 이 사람은 당시 알려진 모든 별을 맨눈으로 관측해서 밝기에 따라 숫자로 등급을 매겼단다."

"우아! 눈이 엄청 좋았나 봐요."

"하하, 그랬나 봐."

"히파르코스는 어떻게 등급을 매겼는데요?"

"별들을 밝기에 따라 여섯 등급으로 나누었어. 가장 밝게 보이는 별들을 1등급으로, 가장 어두운 별들을 6등급으로 나누었지."

"밝은 별일수록 등급의 숫자가 작네요."

"그렇지. 별의 밝기가 1등급에 속하는 별은 1등성, 6등급에 속하는 별은 6등성이라고 불러. 그런데 히파르코스의 방법도 완벽하진 않았어. 같은 등급에 속한 별이라고 밝기가 모두 같은 건 아니었거든."

"그렇겠네요. 수많은 별들이 딱 여섯 가지 밝기로 빛나진 않을 테니까요."

"그래. 게다가 맨눈으로 관측했으니 아주 정확할 수는 없었겠지? 그래서 1850년대에 들어 과학자들이 히파르코스의 등급을 검토해서 다시 정리했단다."

"좀 더 과학적으로요?"

"그렇다고 할 수 있지. 과학자들은 정확한 관측을 통해 1등성이 6등성보다 100배 밝다는 걸 알아냈어. 1등급과 6등급은 다섯 등급 차이니까, 한 등급 사이의 밝기 차이는 약 2.5배라는 것도 계산해 냈지. 그래도 여전히 히파르코스의 방법과 마찬가지로 밝은 별일수록 등급의 숫자가 작고, 어두운 별일수록 등급의 숫자가 크단다."

▲ 별의 등급과 밝기 차이

> 나선애의 과학 사전
>
> **측광기** 잴 측(測) 빛 광(光) 도구 기(器). 빛의 세기를 재는 도구야.

> 장하다의 상식 사전
>
> **-1(마이너스 1)** 0보다 1만큼 작은 숫자야. -1보다 1만큼 작으면 -2가 돼.

> 장하다의 상식 사전
>
> **소수** 일의 자리보다 작은 자리의 값을 가진 수로, 소수점을 찍어서 표시해. 예를 들어, 1.5는 $1\frac{1}{2}$과 같은 값이야.

"오호, 확실히 정리된 느낌이에요."

"이렇게 끝나면 좋았겠지만 관측 기술이 발전하면서 별의 등급을 조금씩 조정해야 했어. 맨눈이 아니라 망원경을 이용해 관측하고, 별의 밝기를 정확히 잴 수 있는 측광기라는 도구가 개발되었거든. 그 뒤로는 1등급보다 밝은 별도 발견되고, 6등급보다 어두운 별도 발견되었지."

"헉, 1등급보다 밝은 별은 어떻게 등급을 매겨요?"

"1등급보다 밝은 별은 0등급, 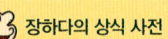등급 같은 식으로 숫자를 점점 작게 붙여 나갔어. 또 6등급보다 어두운 별에는 7등급, 8등급처럼 큰 숫자를 붙였지."

"점점 복잡해지는군요."

"맞아. 게다가 별의 밝기가 한 등급씩 차이가 나지 않는 경우도 생겼어. 예를 들어, 1등급보다는 어둡고 2등급보다는 밝은 별이 발견된 거지. 이 별은 1.2등급, 1.5등급 같이 소수로 등급을 매겼단다."

"정확한 건 좋은데 좀 복잡해 보여요."

"하하, 그래도 별의 등급을 나타내는 원칙은 변하지 않았다는 게 중요해. 밝은 별의 등급은 숫자가 작고, 어두운 별의 등급은 숫자가 크다는 점 말이야."

**핵심정리**

별의 밝기는 등급으로 정확히 나타낼 수 있어. 별의 등급을 나타내는 숫자는 밝은 별일수록 작아지고, 어두운 별일수록 커져.

## 별의 등급에도 종류가 있어!

"지금까지 얘기한 별의 등급은 지구에서 맨눈이나 망원경으로 보았을 때의 밝기야. 겉으로 보이는 밝기라 해서 이것을 '겉보기 등급'이라고 하지."

"그렇군요!"

"그런데 말이야, 별의 밝기는 거리에 따라 다르게 보인다고 했지? 그러니까 별의 실제 밝기를 비교하려면 별이 모두 같은 거리에 있다고 생각했을 때의 등급도 필요해."

"그러게요. 같은 거리에서 비교해야 공평하죠!"

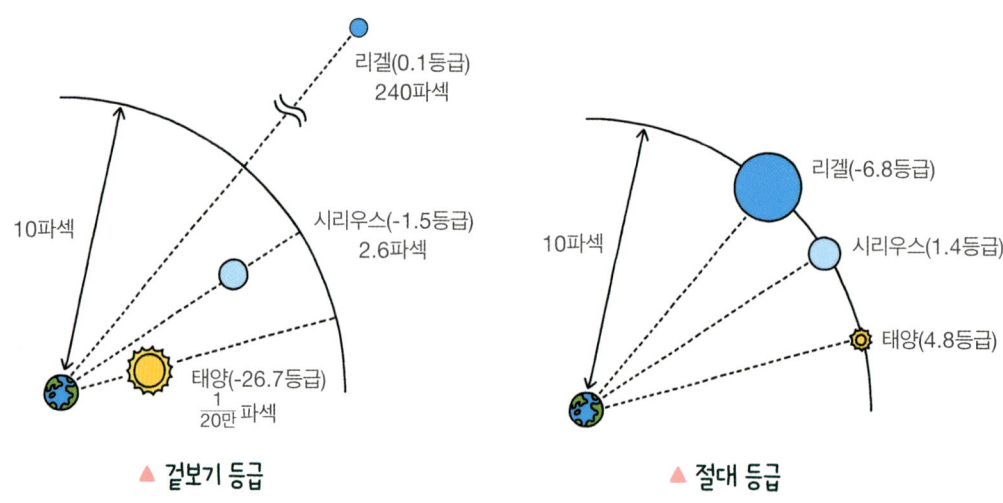

▲ 겉보기 등급　　　　　　▲ 절대 등급

"그래서 과학자들은 '절대 등급'이라는 새로운 등급을 만들었어. 절대 등급은 별이 지구에서 10파섹 떨어져 있다고 생각했을 때 별의 밝기야. 절대 등급으로 별의 실제 밝기를 비교할 수 있어."

"근데 왜 하필 10파섹이에요?"

"특별한 이유는 없어. 계산하기 편리해서 그렇게 약속한 거야."

"그렇군요. 그럼 실제 별들의 등급은 어떻게 돼요?"

용선생이 빙긋 웃으며 화면에 표를 하나 띄웠다.

"태양의 겉보기 등급이 제일 작네요. 그렇다면…… 맨눈으로 봤을 때 제일 밝다는 뜻인가요?"

"그렇지. 태양은 지구에서 가장 가까운 별이라 가장 밝게 보여. 그러니 겉보기 등급이 제일 작을 수밖에 없지. 태

| 별 | 겉보기 등급 | 절대 등급 |
|---|---|---|
| 태양 | -26.7 | 4.8 |
| 시리우스 | -1.5 | 1.4 |
| 베가 | 0.0 | 0.5 |
| 리겔 | 0.1 | -6.8 |
| 알타이르 | 0.8 | 2.2 |
| 스피카 | 0.9 | -3.3 |
| 데네브 | 1.3 | -6.9 |

양은 특수한 경우이니 제외하고, 시리우스의 겉보기 등급이 제일 작다는 건 확인할 수 있지?"

"네. 그런데 절대 등급을 보니 실제로는 시리우스보다 훨씬 더 밝은 별도 많네요. 리겔이나 데네브처럼요."

 리겔

"맞아. 실제로는 시리우스보다 더 밝은 별들도 지구에서의 거리 때문에 우리 눈에는 시리우스보다 어둡게 보여."

"역시 보이는 게 전부가 아니었네요. 거리에 따라서도 별의 밝기가 변하니까요."

"무엇이든 이렇게 과학적인 눈으로 보는 게 중요하단다. 그럼 오늘은 여기까지!"

> **핵심정리**
>
> 겉보기 등급은 맨눈이나 망원경으로 관측한 별의 밝기야. 절대 등급은 별이 지구에서 10파섹 떨어져 있다고 생각했을 때의 밝기이고, 별의 실제 밝기를 비교할 수 있어.

# 나선애의 정리노트

## 1. 별의 밝기
① 별이 내뿜는 빛의 양과 지구에서 별까지의 ⓐ_____ 에 영향을 받음.
② 거리에 따른 별의 밝기 변화
- 별이 멀리 있을수록 밝기는 빠르게 줄어듦.
- 거리가 2배가 되면 밝기는 ⓑ____ 로 줄고, 거리가 3배가 되면 밝기는 $\frac{1}{9}$로 줄어듦.

## 2. 별의 등급
① 별의 밝기를 숫자로 표현한 것
② 별의 등급을 나타내는 숫자는 밝은 별일수록 작아지고, 어두운 별일수록 커짐.
③ 1등성은 6등성보다 ⓒ____ 배 밝음.

## 3. 겉보기 등급과 절대 등급
① 겉보기 등급
- 맨눈이나 ⓓ_____ 으로 보았을 때의 등급
- 실제 밝기를 알 수는 없음.
② 절대 등급
- 별들이 모두 지구에서 ⓔ____ 파섹 거리에 있다고 생각했을 때의 등급
- 별의 실제 밝기를 비교할 수 있음.

ⓐ 거리 ⓑ $\frac{1}{4}$ ⓒ 100 ⓓ 망원경 ⓔ 10

 # 과학퀴즈 달인을 찾아라!

●정답은 115쪽에

## 01

친구들이 이번 시간에 배운 내용에 대해 이야기하고 있어. 옳으면 O, 옳지 않으면 X를 표시 해 줘.

① 1등성은 6등성보다 100배 밝아. (   )
② 겉보기 등급으로 별의 실제 밝기를 비교할 수 있어. (   )
③ 절대 등급은 별을 1파섹 거리에 두었을 때의 밝기를 나타내는 등급이야. (   )

## 02

스마트폰 잠금 패턴을 잊어버렸어. 다음 보기 의 문장 속 괄호에 들어갈 말을 순서대로 이으면 패턴을 찾을 수 있다. 정답을 찾아서 어떤 모양인지 그려 봐.

**보기**

별의 밝기는 별이 내뿜는 (   )의 양과 지구에서의 (   )에 영향을 받아.
별의 밝기를 (   )로 표현한 것을 별의 (   )이라고 해.
겉보기 등급과 (   ) 등급이 있어.
1등성은 6등성보다 (   )배 밝아.

| 용선생의 과학 카페 | 용선생의 한국사 카페 | 용선생의 세계사 카페 |  |

 https://cafe.naver.com/yongyong

### 용선생의 과학 카페

과학계의 핵인싸,
용선생의 과학 카페에
오신 걸 환영합니다.

[ Log in ]

**MENU**

물리면 아프다
화학이 화하하
생물 오징어
지구는 둥글다

## 광학 망원경을 발명한 과학자 인터뷰

 과학자 인터뷰에 오신 여러분, 환영합니다! 밤하늘의 수많은 천체들은 멀리 있어서 맨눈으로 관측하기에는 한계가 있습니다. 그래서 빛을 모아 물체를 크게 보는 장치인 망원경이 발명되었지요. 빛을 모을 수 있는 볼록 렌즈나 오목 거울을 사용하는 망원경을 광학 망원경이라고 합니다. 오늘은 광학 망원경 발명에 큰 업적을 남긴 과학자 세 분을 모시고 인터뷰를 진행하겠습니다. 먼저 갈릴레이 선생님!

 **갈릴레이**

나는 볼록 렌즈와 오목 렌즈를 이용해 망원경을 만들었어요. 빛을 모으는 볼록 렌즈가 한 개라 성능이 아주 뛰어나지는 않았지만 밤하늘의 천체도 그럭저럭 볼 수 있었지요. 나는 이 망원경을 통해 달의 표면도 관측하고, 목성 주위를 도는 위성도 네 개나 발견했답니다.

▶ 갈릴레이 망원경

 케플러

나는 천체를 자세히 관측하려고 볼록 렌즈 두 개로 빛을 더 많이 모을 수 있는 망원경을 만들었어요. 물체의 상하좌우가 모두 바뀌어서 보이긴 하지만 별을 관측하는 데에는 아무 문제가 없었어요.

 케플러 망원경

 뉴턴

커다란 렌즈는 만들기도 어렵고 돈도 많이 들어요. 게다가 빛이 렌즈 가장자리에서 약간 퍼지기 때문에 별을 또렷하게 관측하기 어려울 때도 있지요. 그래서 나는 볼록 렌즈 대신 만들기 쉽고 싼 오목 거울로 빛을 모으는 망원경을 만들었어요. 이 망원경은 렌즈를 이용하는 망원경보다 더 작지만 성능은 더 뛰어나지요.

▲ 뉴턴 망원경

- 장하다의 오답을 피하는 방법
- 나선애의 야무진 실험실
- 왕수재의 아는 척 과학교실
- 허영심의 별 헤는 밤
- 곽두기의 빅뱅 따라잡기

### COMMENTS

 나는 작고 깜찍한 뉴턴 망원경이 끌려.
 나는 원조 갈릴레이 망원경!
 나는 다 뒤집어지는 케플러 망원경!
 모두 훌륭하다고!

 대단한 업적에 박수를 보냅니다. 인터뷰 감사합니다.

5교시 | 우리은하

# 은하수의 정체는?

은하수다!

하늘에 강이 흐르는 거 같아.

"견우와 직녀를 갈라놓은 은하수, 미워!"
"허영심, 갑자기 무슨 소리야."
"지금 견우와 직녀 동화책을 읽고 있는데, 둘이 은하수를 건너지 못해서 만나지 못한다잖아."
"그래? 은하수가 뭐길래?"
"은하수는 하늘에 흐르는 강이래."
"하늘에 강이 흐른다고? 그게 말이 돼?"

 우주에서 지구가 속한 곳은?

그때 용선생이 과학실에 들어섰다.
"선생님! 은하수가 정말로 하늘에 흐르는 강이에요?"
"그건 전설 속 이야기이고, 은하수의 정체는 그게 아니야. 은하수는 사실 별을 비롯한 수많은 천체가 모여 있는 거야."

"그래요? 그런데 왜 강이 흐르는 것처럼 띠 모양으로 보여요?"

"그걸 알려면 우리은하에 대해 먼저 알아야 해."

"으…… 우리은하가 뭔데요?"

"하하. 우주에는 수많은 천체가 그냥 흩어져 있는 게 아니라 한곳에 모여 있기도 한데, 이걸 은하라고 해. 은하 하나에는 셀 수 없을 정도로 많은 별이 있고, 크기도 엄청나게 커. 은하 중에서 우리 태양계가 속해 있는 은하를 '우리은하'라고 하지."

"우리가 속해 있는 은하라서 우리은하인 거예요?"

"맞아. 우리은하는 어떤 모습인지 한번 볼까?"

용선생은 그림을 한 장 띄웠다.

> **나선애의 과학 사전**
>
> 은하 은 은(銀) 강 하(河). 수많은 천체들이 모여 있는 것이 꼭 은색 강이 흐르는 것처럼 보인다고 해서 이런 이름이 붙었어.

▼ 우리은하

**용선생의 과학 현미경**

인간이 보낸 탐사선 중 지구에서 가장 멀리 나아간 것은 보이저호야. 1977년에 1호와 2호가 발사되었어. 보이저 1호는 2012년에, 2호는 2018년에 태양계 끝부분을 지났어.

▲ **프레더릭 윌리엄 허셜**
(1738년~1822년) 독일에서 태어나고 영국에서 활동한 천문학자야. 대형 망원경을 제작하였고, 천왕성과 우리은하 등을 발견했어.

"우아! 꼭 소용돌이처럼 생겼어요."

"하하, 그렇지? 그런데 이건 사진이 아니라 컴퓨터로 그린 그림이란다."

"우리은하를 찍은 사진은 없어요?"

"안타깝게도 사진은 찍을 수 없어. 집 안에만 갇혀 있는 사람이 집의 겉모습을 사진으로 찍을 수 없겠지? 마찬가지로 우리은하를 찍으려면 우리은하 밖으로 나가야 하는데, 인간이 보낸 탐사선은 이제 겨우 태양계를 벗어난 정도야. 그러니 우리은하의 모습을 사진으로 찍는 건 아직 불가능한 일이지."

"그럼 저 그림은 그냥 상상해서 그린 건가요?"

"그건 아니야. 나름대로 과학적인 근거를 가지고 그린 거란다."

"어떻게요?"

"다 방법이 있지. 우리은하의 모습을 처음 알아낸 사람은 허셜이라는 천문학자야. 허셜은 지구에서 별들까지의 거리를 일일이 관측한 끝에 수많은 별이 모여 있다는 걸 알아냈어. 우리은하의 존재를 처음으로 발견한 거야."

"우아! 그 많은 별들을 일일이 관측하다니……."

"대단하지? 이게 바로 허셜이 그린 그림이야."

▲ 허셜이 그린 우리은하

왕수재가 화면 속 그림을 유심히 보며 말했다.

"음…… 아까 본 그림이랑은 좀 다르네요."

"허셜이 살던 시대에는 지금처럼 별까지의 거리를 정확히 측정할 수는 없었을 테니까 우리은하의 모습도 정확히 그릴 수 없었겠지. 게다가 허셜은 태양계의 위치도 실제와 다르게 생각했어."

"저런. 허셜이 알면 실망이 크겠어요."

"하지만 처음으로 우리은하의 존재를 밝혔다는 게 중요하지. 이후 여러 천문학자가 연구를 계속해서 오늘날 우리가 알고 있는 우리은하의 모습을 완성했어. 앞에서 본 컴퓨터 그림도 이러한 정보를 바탕으로 만든 거란다."

 핵심정리

수많은 천체가 한곳에 모여 있는 것을 은하라고 해. 우리 태양계가 속한 은하를 우리은하라고 하지.

## 우리은하의 모양은?

용선생이 새로운 그림을 띄우고 말했다.

"우리은하의 모양을 좀 더 자세히 알아보자. 우리은하는 옆에서 보면 중심부가 볼록한 원반 모양이야. 위에서 보면 나선 모양의 팔이 막대 모양의 중심부를 감고 있지. 이 부

> **곽두기의 낱말 사전**
>
> 원반 둥글 원(圓) 쟁반 반(盤). 접시처럼 둥글고 넓적하게 생긴 물건이야.
>
> 나선 소라 나(螺) 줄 선(線). 소용돌이 모양의 곡선을 말해.

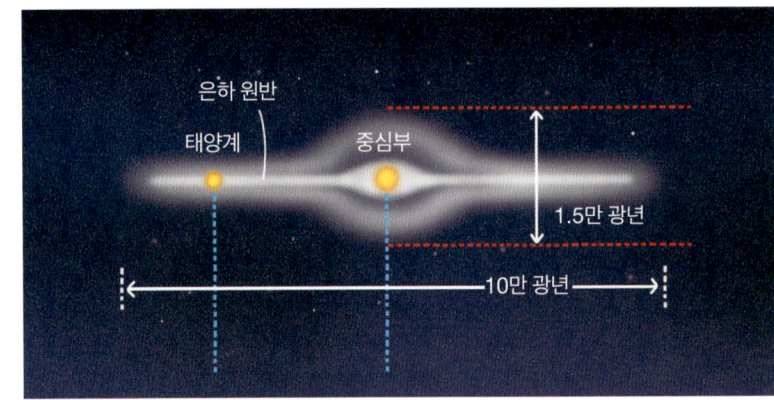

▶ 옆에서 본 우리은하

▶ 위에서 본 우리은하

분을 '나선팔'이라고 해."

"우아! 팔이 여러 개네요."

"그림에 보이지는 않지만, 우리은하 주변에는 어두운 별들과 아주 뜨거운 기체가 퍼져 있어. 이 영역을 '헤일로'라고 한단다."

▲ 헤일로

"이야! 신기하네요. 우리은하는 꼭 오징어나 문어가 빙그르르 도는 모습 같아요."

"하하! 재미있는 생각이네. 오징어치고는 엄청 크지만 말이야. 말이 나온 김에 우리은하의 크기도 알아볼까? 우리은하는 가로 길이가 약 10만 광년에 이르고, 세로 길이는 약 1.5만 광년이야. 태양계는 우리은하의 중심에서 약 3만 광년 떨어져 있어."

"태양계의 크기는 어느 정도인데요?"

"태양계는 최대한 크게 잡아도 반지름이 1광년도 채 안 된단다."

"애개, 태양계는 우리은하에 비하면 엄청나게 작네요. 위치도 우리은하의 중심에서 떨어져 있고요."

"맞아. 우리은하 속에는 태양과 같은 별이 무려 2000억

개 이상 있어."

"으아! 정말 엄청나군요."

> **핵심정리**
>
> 우리은하는 옆에서 보면 중심부가 볼록한 원반 모양이고, 위에서 보면 막대 모양의 중심부를 나선팔이 감고 있는 모양이야.

 ## 우리은하를 이루는 천체는?

"우리은하에 있는 별들을 관측해 보면 별들이 군데군데 모여 있는 걸 볼 수 있어. 이렇게 별들이 모여 있는 걸 성단이라고 한단다. 별이 모여 성단을 이루고, 성단이 모여 우리은하를 이루는 거야."

"오호, 그렇군요."

"천문학자들이 우리은하의 성단을 관측하다가 성단에도 두 종류가 있다는 걸 발견했어."

"어떤 건데요?"

용선생은 사진을 짚어 가며 설명을 시작했다.

"우리은하 중심 쪽에는 별들이 빽빽하게 모여 있는데 멀

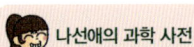

**나선애의 과학 사전**

**성단** 별 성(星) 모일 단(團). 별들이 모여 있는 집단이야.

▲ 우리은하 속 성단

리서 보면 꼭 커다란 공 모양처럼 보여서 구상 성단이라고 부르지. 여기에는 별들이 수만에서 수십만 개나 있단다."

"전체적으로 보면 정말로 동그란 모양이네요."

"그렇지? 한편 우리은하의 나선팔 부근에는 별들이 듬성듬성하게 흩어져 있는 성단이 많아. 이 성단은 산개 성단이라고 하지. 산개 성단의 별은 수십 개에서 수만 개 정도로 구상 성단보다는 별의 수가 적어."

"산개 성단은 딱히 특별한 모양을 이루지는 않네요."

"맞아. 이렇게 성단의 종류를 나누는 까닭은 같은 성단에 속한 별들의 성질이 서로 비슷하기 때문이야. 별들은 하나씩 생기지 않고, 한 지역에서 동시에 생겨나거든. 그래서 하나의 성단을 이루는 별들은 성질이 대부분 비슷하단다."

"구상 성단과 산개 성단의 별은 어떻게 다르길래요?"

"대표적으로 나이와 온도가 달라. 구상 성단에는 오래전

> **나선애의 과학 사전**
>
> **구상 성단** 공 구(球) 모양 상(狀) 성단. 별들이 공 모양으로 모여 있는 성단이야.
>
> **산개 성단** 흩을 산(散) 늘어놓을 개(開) 성단. 별들이 일정한 모양을 이루지 않고 모여 있는 성단이야.

에 만들어졌다가 식어서 온도가 낮은 별들이 많아. 반면에 산개 성단에는 생긴 지 얼마 되지 않아서 온도가 높은 별이 많지."

"우리은하 중심 쪽에는 늙은 별, 바깥쪽에는 젊은 별들이 주로 있네요."

"그렇지! 우리은하에는 별 말고도 성간 물질과 성운이라는 천체도 있어."

"어? 지난번에 나왔잖아요."

"잘 기억하고 있구나. 성간 물질은 별과 별 사이에 흩어져 있는 기체나 아주 작은 티끌들이라고 했어. 이 물질들은 별이 새로 탄생할 때 재료가 되지. 대부분 아주 옅게 흩어져 있어서 잘 보이지 않지만, 가끔 성간 물질이 모여 있는 경우가 있어."

"그게 성운이었죠."

나선애가 얼른 노트를 넘겨 보고는 대답했다.

"맞아. 마치 우주 공간에 떠 있는 구름처럼 보여서 성운이라는 이름이 붙었지. 하지만 구름처럼 보이는 것뿐 실제 구름은 아니란다."

"음…… 성운이 어떻게 생겼더라?"

"바로 이렇게 생겼지."

 ▲ **오리온 대성운** 근처에 있는 별의 빛을 흡수한 후, 그 에너지를 이용해 스스로 빛을 내는 성운이야.

 ▲ **마귀할멈 성운** 주위 별빛을 반사해서 밝게 보이는 성운이야.

 ▲ **말머리 성운** 뒤에서 오는 별빛을 가려서 검게 보이는 성운이야.

"우아! 예쁘다!"

"우리은하의 성운은 나선팔 부근에 많아."

 **핵심정리**

우리은하는 성단, 성간 물질, 성운 등으로 이루어져 있어. 성단은 별들이 모여 있는 집단으로, 구상 성단과 산개 성단이 있어.

 **은하수의 정체를 밝혀라!**

그때 왕수재가 손을 번쩍 들었다.

"이제 우리은하가 뭔지 알았으니까 은하수랑 무슨 관계

인지 알아봐요."

"그건 그림을 보면서 알아볼까? 지구는 우리은하에 속해 있어서 지구에서 우주를 바라보면 우리은하에 있는 천체들이 가깝게 보여. 지구에서는 우리은하의 일부분만 볼 수 있는데, 우리은하는 납작한 원반형이니까 옆에서 보면

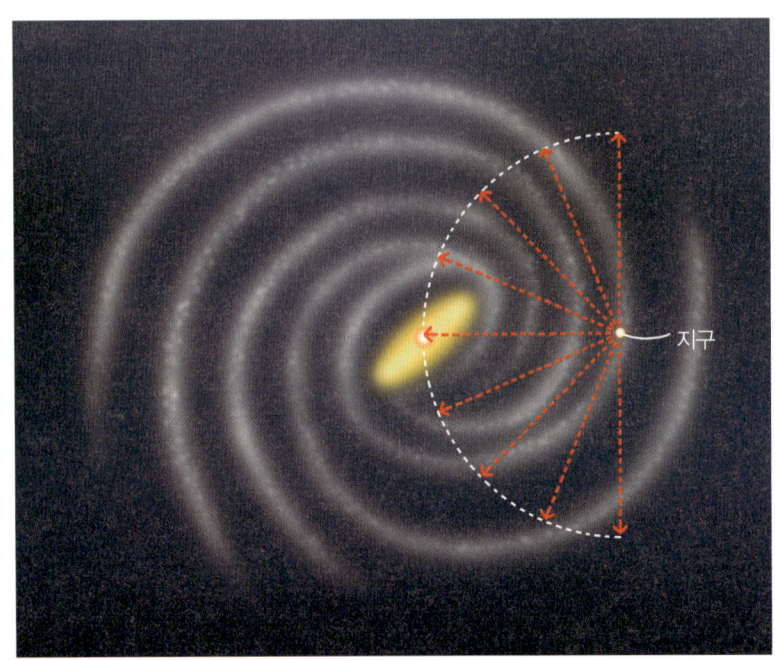

▲ **지구에서 볼 수 있는 대략적인 범위** 지구에서 볼 때 우리은하 너머에 있는 천체들은 앞에 있는 별에 가려 거의 보이지 않아.

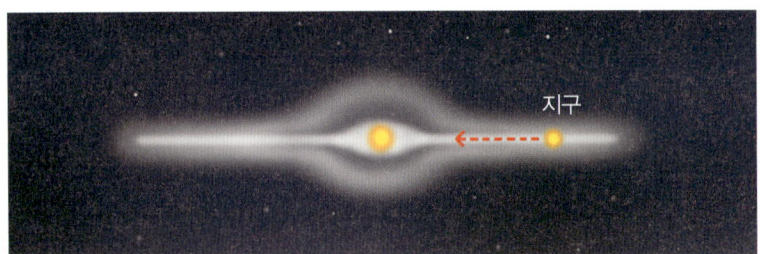

▲ **지구에서 우리은하의 중심쪽을 바라볼 때** 많은 천체를 한꺼번에 볼 수 있어서 은하수가 넓고 밝게 보여.

띠 모양으로 보이지."

"그렇겠네요. 지구에서는 우리은하를 옆에서만 볼 수 있으니까요."

"맞아. 이런 우리은하의 모습이 마치 강이 흐르는 것처럼 보여서 은하수라고 하는 거야."

"아하, 그렇군요."

"또, 바라보는 방향에 따라 은하수의 폭과 밝기가 다르게 보이기도 해. 우리은하 중심에 별들이 더 많이 모여 있으니까 중심 쪽을 볼 때 은하수의 폭도 더 넓고 더 밝게 보이지."

"그건 그림을 보니까 금방 이해되네요."

"선생님, 우리 은하수 관측 직접 해 봐요. 은하수가 우리은하라는 걸 알았으니까 더 의미 있을 거 같아요."

"좋았어. 오늘 밤 모두 옥상으로 집합!"

 핵심정리

은하수는 지구에서 우리은하의 일부분이 보이는 거야. 우리은하 중심 방향을 볼 때 은하수의 폭도 넓고 밝게 보여.

## 나선애의 정리노트

### 1. 은하
① 수많은 천체가 한곳에 모여 있는 것

### 2. 우리은하
① 우리 ⓐ_____ 가 속한 은하
② 모양
  · 옆에서 보면 중심부가 볼록한 ⓑ_____ 모양
  · 위에서 보면 막대 모양의 중심부를 나선팔이 감고 있는 모양
③ 성단, 성간 물질, 성운 등으로 이루어짐.
④ ⓒ_____ : 지구에서 우리은하의 일부분이 보이는 것

### 3. 성단
① 별들이 모여 있는 집단
② 구상 성단
  · 우리은하 중심 쪽에 별들이 ⓓ_____ 모양으로 모여 있는 것
  · 주로 생긴 지 오래되어 온도가 낮은 별들임.
③ 산개 성단
  · 우리은하 ⓔ_____ 부근에 별들이 듬성듬성 흩어져 있는 것
  · 주로 생긴 지 얼마 되지 않아 온도가 높은 별들임.

ⓐ 태양계 ⓑ 원반 ⓒ 은하수 ⓓ 공 ⓔ 나선팔

# 과학퀴즈 달인을 찾아라!

●정답은 115쪽에

## 01

친구들이 이번 시간에 배운 내용에 대해 이야기하고 있어. 옳으면 O, 옳지 않으면 X를 표시해 줘.

① 태양계는 우리은하의 중심부에 있어. (     )

② 은하수는 바라보는 방향에 따라 폭이 다르게 보여. (     )

③ 구상 성단은 커다란 별 하나로 이루어져 있어. (     )

## 02

친구들이 천문대를 찾아가고 있어. 우리은하의 모양에 대한 설명 중 옳은 것을 따라가면 된대. 함께 길을 찾아보자.

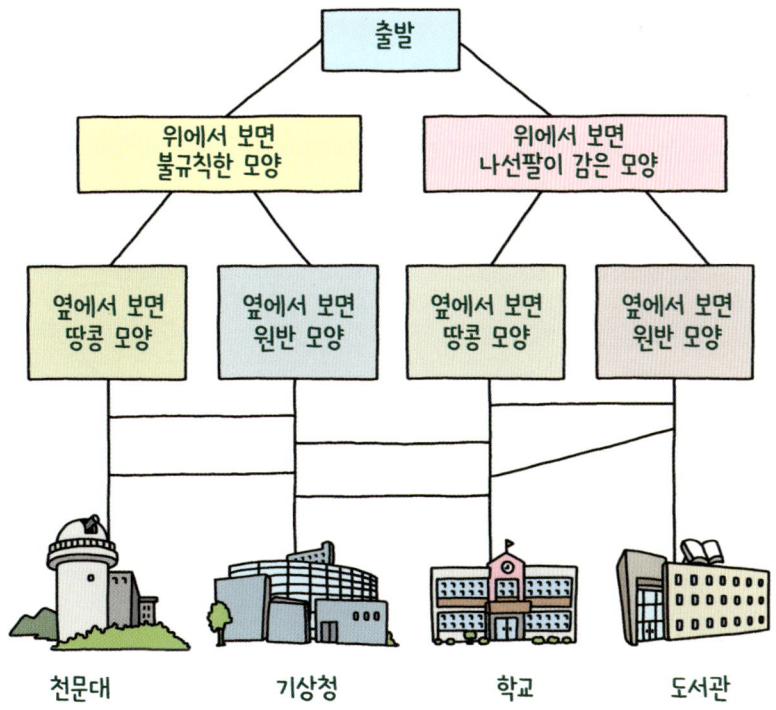

6교시 | 우주

# 우주는 얼마나 클까?

멋진 성운이다.

우리은하에 있는 성운인가?

**교과연계**

초 5-1 태양계와 별
중 3 별과 우주

"내가 어제 책에서 봤는데 대마젤란은하랑 안드로메다은하라는 게 있더라고."

왕수재의 말에 장하다가 순진한 얼굴로 물었다.

"나도 안드로메다은하는 들어 본 적 있어. 그게 뭐 어때서?"

"어휴, 우리은하 말고 다른 은하가 있다는 거잖아."

"그런가……?"

## 우리은하 밖에는 무엇이 있을까?

때마침 교실에 들어온 용선생이 말했다.

"수재가 아주 예리한걸? 우리은하 밖에 또 다른 은하가 있는지 함께 알아볼까?"

"네, 알려 주세요!"

"약 100년 전까지만 해도 사람들은 우주에 우리은하밖에 없는지, 또 다른 은하들도 있는지 확실히 알지 못했어. 그 의문에 정확한 답을 찾아낸 천문학자가 바로 에드윈 허블이란다."

"허블? 유명한 사람이에요?"

"그럼. 20세기를 대표하는 천문학자야."

"오호, 허블이 뭘 했는데요?"

"허블은 당시 안드로메다 성운이라 불리던 천체가 우리은하에 속하는지 알아보기로 했어. 대형 망원경을 이용해서 이 성운까지의 거리를 측정했더니 우리은하의 가장자리보다 훨씬 먼 곳에 있다는 걸 알게 되었단다."

"얼마나 멀길래요?"

"우리은하에서 약 250만 광년 떨어져 있어. 우리은하의 지름이 약 10만 광년이니까 얼마나 멀리 떨어져 있는지 알겠지?"

"우아, 250만 광년이요? 확실히 우리은하 밖에 있는 게 맞네요!"

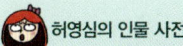

허영심의 인물 사전

**에드윈 허블** (1889년~1953년) 미국의 천문학자야. 외부 은하의 존재를 밝히는 등 현대 천문학에 큰 기여를 하였어. 이러한 업적을 기려 1990년에 우주로 발사된 우주 망원경에는 허블 우주 망원경이라는 이름이 붙었어.

▲ 안드로메다은하

"허블은 안드로메다 성운이 사실 성운이 아니라 은하라는 것도 밝혀냈지. 그래서 이름도 안드로메다은하로 바뀌었어."

"네? 성운이랑 은하는 크기도 모양도 완전히 다른데 어떻게 잘못 알 수가 있어요?"

"당시 망원경으로는 은하를 정확히 관측하기 힘들었어. 아주 멀리 있는 은하들은 한 점의 별처럼 보였고 그나마 가까운 은하들은 뿌연 성운처럼 보였단다."

"아하, 그럴 만하네요. 정확히 밝혀져서 다행이에요."

"허블은 우리은하 밖에 있는 또 다른 은하들을 차례로 밝혀냈어. 이 은하들을 외부 은하라고 한단다."

"우리은하와 외부 은하로 딱 구분을 지었네요."

"그렇지. 허블은 외부 은하의 존재를 밝혔을뿐더러, 외부 은하들을 모양에 따라 분류했단다. 이 그림을 볼래?"

> **곽두기의 낱말 사전**
>
> **분류** 나눌 분(分) 무리 류(類). 종류에 따라서 물체를 무리별로 묶어 나누는 것을 말해.

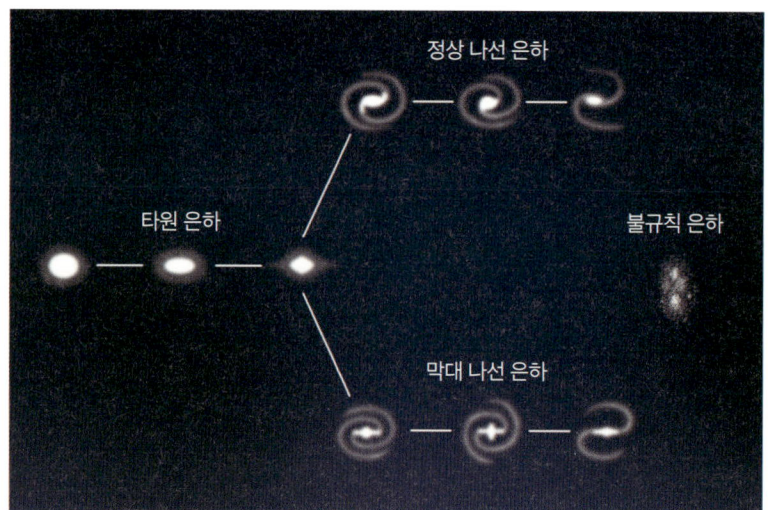

▶ 은하의 분류

장하다가 그림을 보자 머리를 긁적이며 말했다.

"타원 은하, 정상 나선 은하…… 이름이 너무 어려워요."

"보기보다 어렵지 않아. 은하의 전체적인 모양에 따라 이름을 붙인 거거든. 예를 들어, 타원 은하는 전체적으로 둥글둥글한 타원 모양이야."

"그건 쉽네요."

"그렇지? 타원 은하는 나선팔이 없어. 나선팔이 있는 은하는 정상 나선 은하와 막대 나선 은하로 나누지. 은하 중심부가 둥근 모양이면 정상 나선 은하, 막대 모양이면 막대 나선 은하야."

"앗! 그럼 우리은하는 막대 나선 은하네요?"

▲ **우리은하** 막대 나선 은하야.

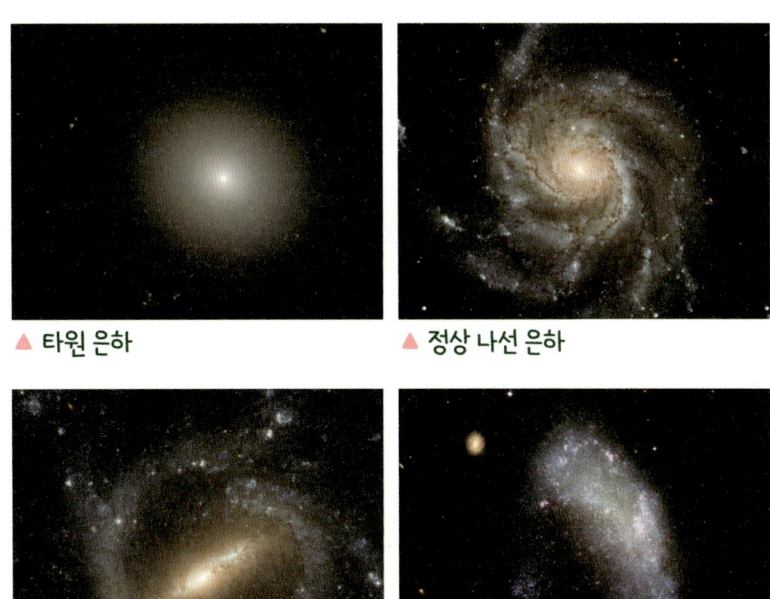

▲ 타원 은하

▲ 정상 나선 은하

▲ 막대 나선 은하

▲ 불규칙 은하

"맞아. 그리고 특별한 모양을 이루지 않는 은하도 있는데 그건 불규칙 은하라고 한단다."

"그런데 허블이 은하의 모양을 분류한 게 그렇게 엄청난 업적인가요?"

"아주 좋은 지적이야. 사실 허블은 은하를 분류했을 뿐만 아니라 외부 은하를 관측하다가 아주 중요한 사실을 발견했어."

"그 중요한 사실이 뭔데요?"

우리은하 바깥에 있는 은하를 외부 은하라고 해. 은하는 모양에 따라 타원 은하, 정상 나선 은하, 막대 나선 은하, 불규칙 은하로 분류돼.

 ## 우주는 어떻게 변할까?

"허블은 모든 외부 은하가 우리은하에서 점점 멀어지고 있다는 걸 알아냈어."

"네에? 외부 은하가 한자리에 있는 게 아니라, 멀어지고 있다고요?"

"응. 고무풍선과 은하 모양 스티커를 이용해 외부 은하가 어떤 식으로 멀어지고 있는지 알아보자."

"와, 재밌겠다!"

용선생이 장하다에게 고무풍선을 건네주며 말했다.

"하다가 대표로 고무풍선을 작게 불면 다 함께 은하 모양 스티커를 고무풍선에 마음대로 붙여 보자."

아이들은 영문도 모른 채 용선생의 지시에 따랐다.

"다 붙였어요."

"이제 하다가 고무풍선을 점점 더 크게 불어 보렴. 은하 모양 스티커 사이의 거리가 어떻게 변하는지 다같이 보자."

"좋아요."

장하다가 힘껏 풍선을 불자, 아이들이 그 모습을 지켜보았다.

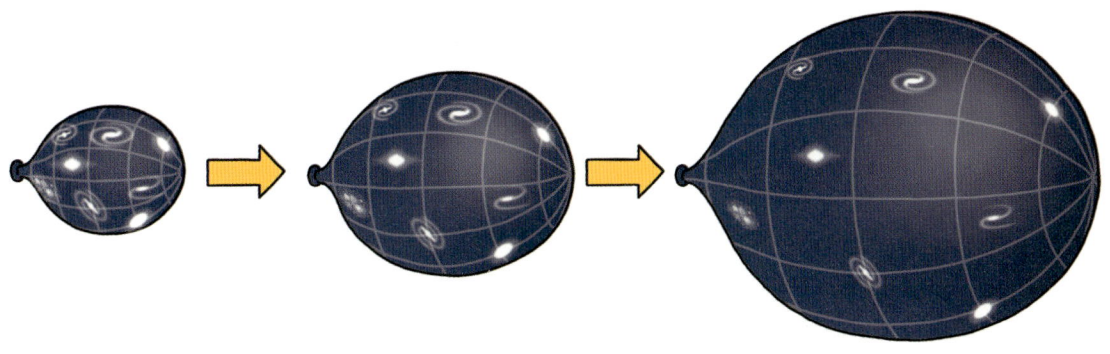

"은하 모양 스티커 사이의 거리가 서로서로 멀어져요. 물론 이 정도는 예상했지만요."

"그렇지. 우주에 있는 은하들도 이 스티커처럼 서로서로 멀어지고 있는 거야."

아이들이 고개를 끄덕였다.

"또 하나! 풍선의 크기가 처음보다 커졌지? 풍선은 우주에 해당해. 은하들이 서로 멀어진다는 것은 결국 우주가 팽창하고 있다는 뜻이야."

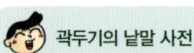 곽두기의 낱말 사전

**팽창** 부풀 팽(膨) 늘어날 창(脹). 부풀어서 부피가 커진다는 뜻이야. 부피는 물체가 차지하는 공간의 크기를 말해.

---

용선생의 과학 현미경

## 우주 팽창의 중심은 어디?

우주는 특별한 중심이 없이 팽창하고 있어. 어디에서 보느냐에 따라 우주가 팽창하는 방향이 다르게 보일 뿐이지.
우리은하에서 보면 모든 은하가 우리은하에서 멀어지는 것으로 보이지만, 만약 우리가 안드로메다은하에 가서 관측한다면 모든 은하는 안드로메다은하에서 멀어지는 것으로 보일 거야.

좀 더 자세히 들여다볼까?

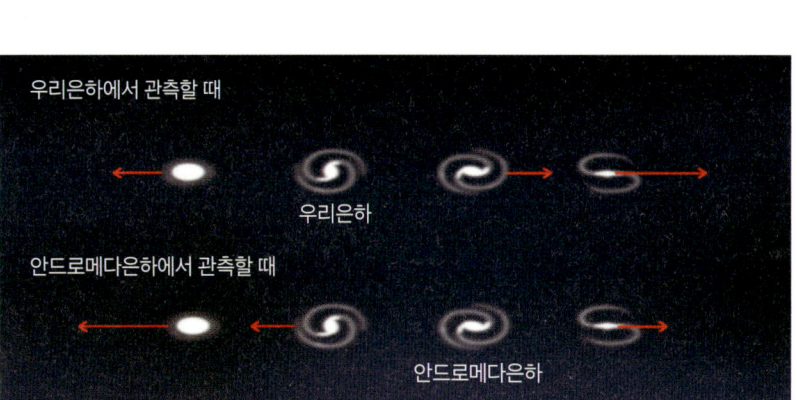

"세상에! 우주는 아주 커다랗다고 알고 있는데, 거기서 더 커지고 있다니!"

모든 외부 은하는 우리은하에서 멀어지고 있어. 이것은 우주가 팽창하고 있다는 사실을 보여 주지.

 ## 우주는 왜 팽창할까?

"도대체 우주는 왜 팽창하나요?"

"우주가 왜 팽창하는지는 과학자들도 아직 완전히 결론을 내리지 못했어."

"과학자들에게도 어려운 문제인가 봐요."

"맞아. 하지만 많은 과학자가 인정하는 이론은 있지. 과학자들은 '대폭발설'이라는 이론을 통해 우주의 팽창을 설명해. 대폭발설을 '빅뱅 이론'이라고도 하지."

"빅뱅! 많이 들어 봤어요."

"응. 이 이론에 따르면 우주는 지금으로부터 약 137억 년 전에 한곳에 모여 있었어. 그러다가 갑자기 대폭발이

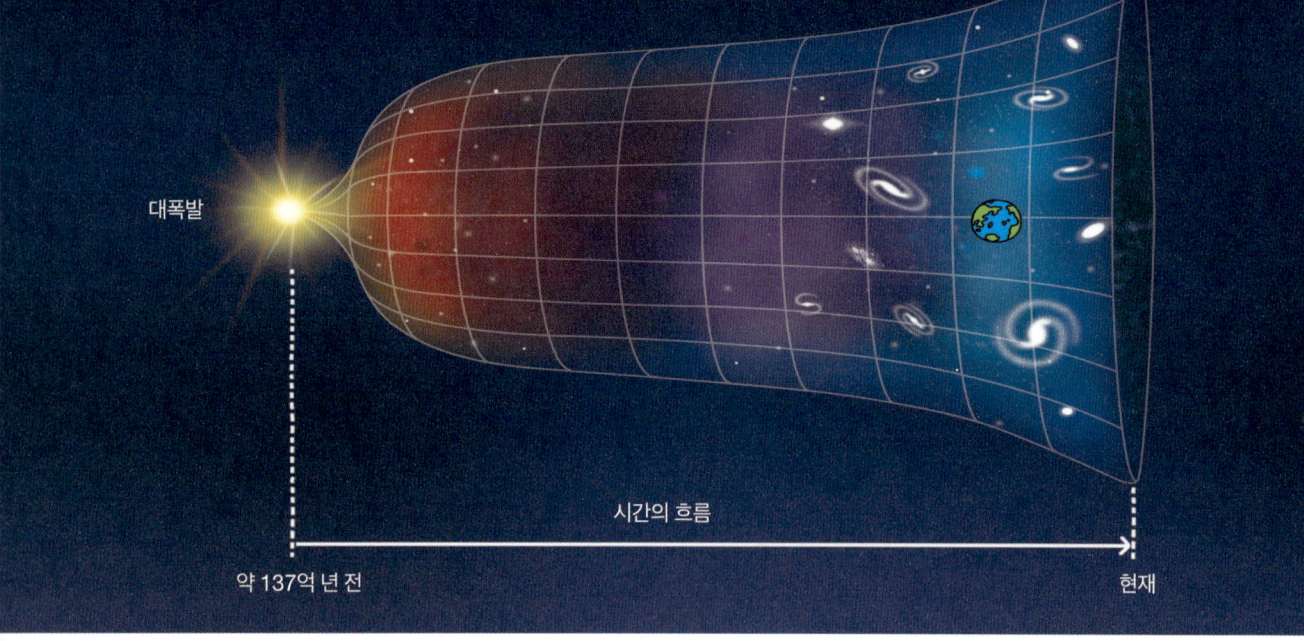

▲ 대폭발설(빅뱅 이론)

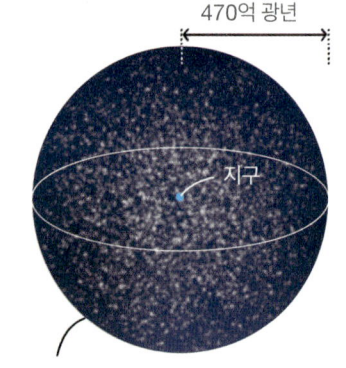

▲ 관측 가능한 우주

일어나서 우주가 생겨났고 팽창하기 시작했지."

"대폭발 때문에 우주가 생겨났다니……."

"놀랍지? 우주는 지금도 계속 팽창하고 있단다."

"우주의 크기는 얼마나 되는 거죠?"

"과학자들은 현재 우주의 반지름을 약 470억 광년으로 추측하고 있어. 우리는 우리에게 도달한 빛만 볼 수 있고, 이 빛을 통해 우주를 관측해. 현재까지 관측한 빛 중 가장 멀리서 온 것이 약 470억 광년 떨어진 곳에서 온 거야. 바로 이곳이 우리가 관측한 우주의 끝이지."

"헉, 470억 광년이라니!"

"물론 우주는 그보다 더 클 수도 있지만, 그곳은 우리가 관측할 수 없으니 실제로 더 큰지 아닌지는 알 수 없어. 그래서 현재까지 우리가 파악한 우주를 '관측 가능한 우주'라고도 해."

그때 왕수재가 손을 번쩍 들었다.

"선생님, 우주 바깥쪽에는 뭐가 있나요? 아니, 우주의 바깥이 있기는 한가요?"

"확실히 몰라."

"네에? 선생님이 모른다는 거예요, 과학자들도 모른다는 거예요?"

"과학자들도 아직 정확히 모른단다."

"아아, 과학자들도 모른다니! 우주의 크기도, 정체도 정말 상상이 안 돼요."

"하하. 아직 우리는 우주에 대해 아는 것보다 모르는 게 더 많아. 그러니 앞으로 알아낼 것도 많겠지? 여기서 멈추지 말고 계속 관심을 두고 알아가 보자고."

"네! 좋아요."

"그럼 이걸로 별과 우주에 대한 수업은 끝!"

 핵심정리

약 137억 년 전 대폭발이 일어나면서 지금과 같은 우주가 생겨났어. 현재까지 우리가 파악한 우주의 반지름은 약 470억 광년이야.

## 나선애의 정리노트

1. 외부 은하
    ① ⓐ [　　] 밖에 있는 또 다른 은하들
    ② 모양에 따른 분류

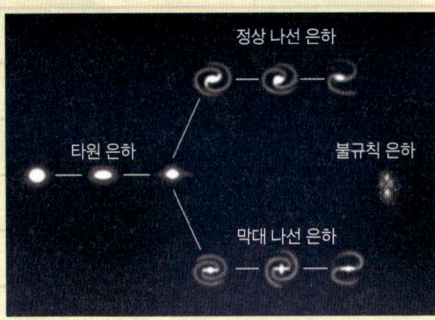

2. 우주의 팽창
    ① 모든 외부 은하는 우리은하에서 멀어지고 있음.
    ② 우주는 ⓑ [　　] 하고 있음.
    ③ 대폭발설(ⓒ [　　] 이론): 우주의 팽창을 설명하는 이론
        · 137억 년 전에 ⓓ [　　] 이 일어나면서 우주가 생겨남.
    ④ 우주의 반지름: 약 470억 광년으로 파악됨.

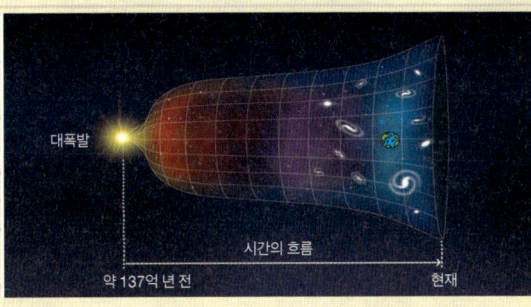

ⓐ 우리은하 ⓑ 팽창 ⓒ 빅뱅 ⓓ 대폭발

# 과학퀴즈 달인을 찾아라!

●정답은 115쪽에

## 01

친구들이 이번 시간에 배운 내용에 대해 이야기하고 있어. 옳으면 O, 옳지 않으면 X를 표시해 줘.

① 우리은하 밖에는 또 다른 은하들이 있어. (   )

② 우리은하가 우주의 중심이야. (   )

③ 모든 외부 은하는 우리은하와 가까워지고 있어. (   )

## 02

곽두기가 미로를 통과하려 해. 은하의 모양을 나타내는 낱말을 따라가면 출구를 찾을 수 있대. 곽두기에게 올바른 길을 알려 줘.

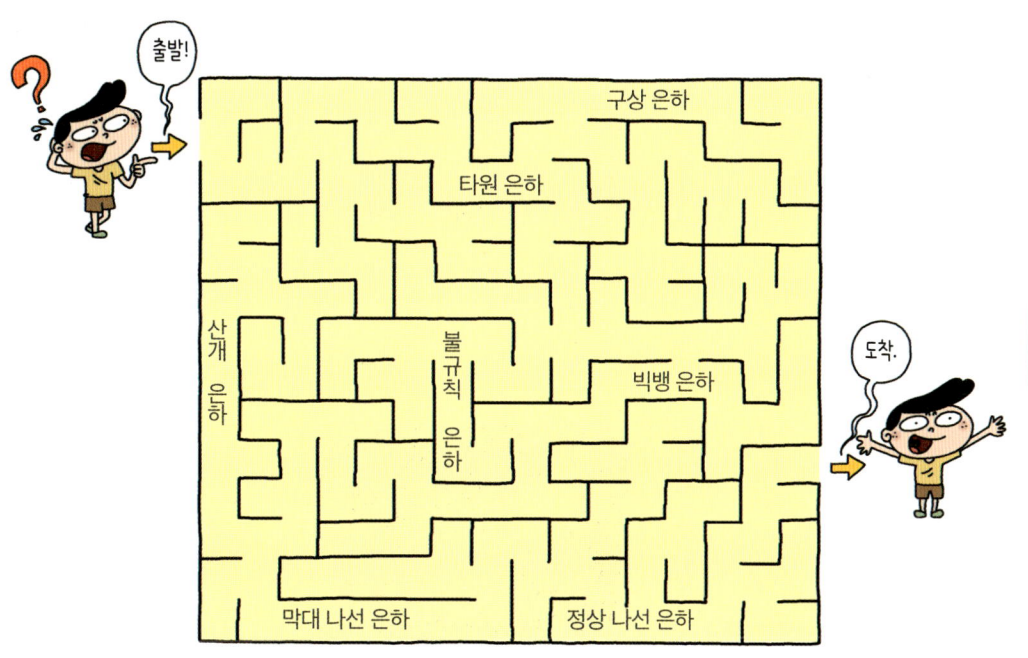

| | | |
|---|---|---|
| 용선생의 과학 카페 | 용선생의 한국사 카페 | 용선생의 세계사 카페 |

https://cafe.naver.com/yongyong

## 용선생의 과학 카페

과학계의 핵인싸.
용선생의 과학 카페에
오신 걸 환영합니다.

Log in

오늘은 어떤 재미난 지식을 올려 볼까?

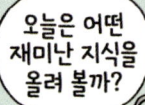

MENU

물리면 아프다
화학이 화하하
생물 오징어
지구는 둥글다

# 우주 탐사의 역사

**1957년** — 소련 스푸트니크 1호 발사
최초의 인공위성
우주 탐사 경쟁 시작
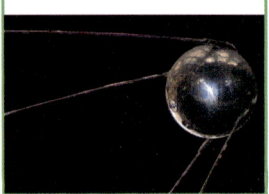

**아폴로 11호 발사**
인류 최초 달 착륙

**1969년**

**1977년** — 보이저 1, 2호 발사
지구 바깥쪽 태양계 탐사

**허블 우주 망원경 발사**
우주 나이 측정,
우주 팽창 증명 등
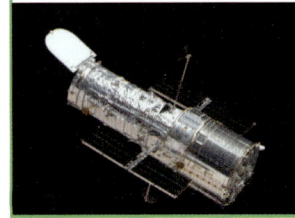

**1990년**

**1992년** — 우리나라 우리별 1호 발사
우리나라 첫 인공위성

**우리나라 천리안위성 발사**
통신, 해양, 기상 위성

2010년

**큐리오시티 화성 착륙**
화성 기후, 환경 탐사

2012년

**우리나라 나로호 로켓 발사**
우리나라 첫 우주발사체

2013년

**뉴호라이즌스호 명왕성과 근처 소행성 근접 통과**
역사상 가장 먼 곳의 천체를 가까이에서 관측

2019년

2020년

**스페이스X 크루드래곤 발사**
민간 우주 탐사 시대 열림

- 장하다의 오답을 피하는 방법
- 나선애의 야무진 실험실
- 왕수재의 아는 척 과학교실
- 허영심의 별 헤는 밤
- 곽두기의 빅뱅 따라잡기

## COMMENTS

 우주탐사 사행시 시작!
└  우! 주 탐사를 이끌어 갈
└  주! 인공은 우리. 우주를
└  탐! 구하고
└  사! 랑하자.
 훌륭해!

우주 여행을 할 날이 멀지 않았어!

# 가로세로 퀴즈

별과 우주에 관한 가로세로 퀴즈야. 빈칸을 채워 봐.
띄어쓰기는 무시해도 돼.

|  가로 열쇠 | ① 태양을 이루는 기체 중 하나로 우주에서 가장 가벼운 기체<br>② 중심부가 막대 모양이고 나선팔이 있는 은하<br>③ 맨눈이나 망원경으로 보았을 때 별의 등급<br>④ 밤하늘에서 북극성을 찾을 때 북두칠성 외에 사용할 수 있는 별자리<br>⑤ 별과 별 사이에 있는 수소나 아주 작은 티끌 등의 물질<br>⑥ 우리은하 나선팔 부근에 별들이 듬성듬성 흩어져 있는 성단 |
|---|---|
|  세로 열쇠 | ❶ 흑연이나 다이아몬드를 이루는 물질<br>❷ 별이 지구에서 10파섹 거리에 있다고 생각했을 때 별의 등급<br>❸ 지구에서 우리은하의 일부분이 보이는 것으로, 마치 하늘에 강이 흐르는 것처럼 보임.<br>❹ 우주의 팽창을 설명하는 이론으로 대폭발설이라고도 함.<br>❺ 우리 태양계가 속한 은하<br>❻ 우리은하 중심 쪽에 별들이 공 모양으로 모여 있는 성단<br>❼ 물체가 가지는 고유한 양으로 물체를 이루는 물질의 양<br>❽ 밤하늘에 고정되어 움직이는 것처럼 보이는 천체. 별이라고 함. |

●정답은 115쪽에

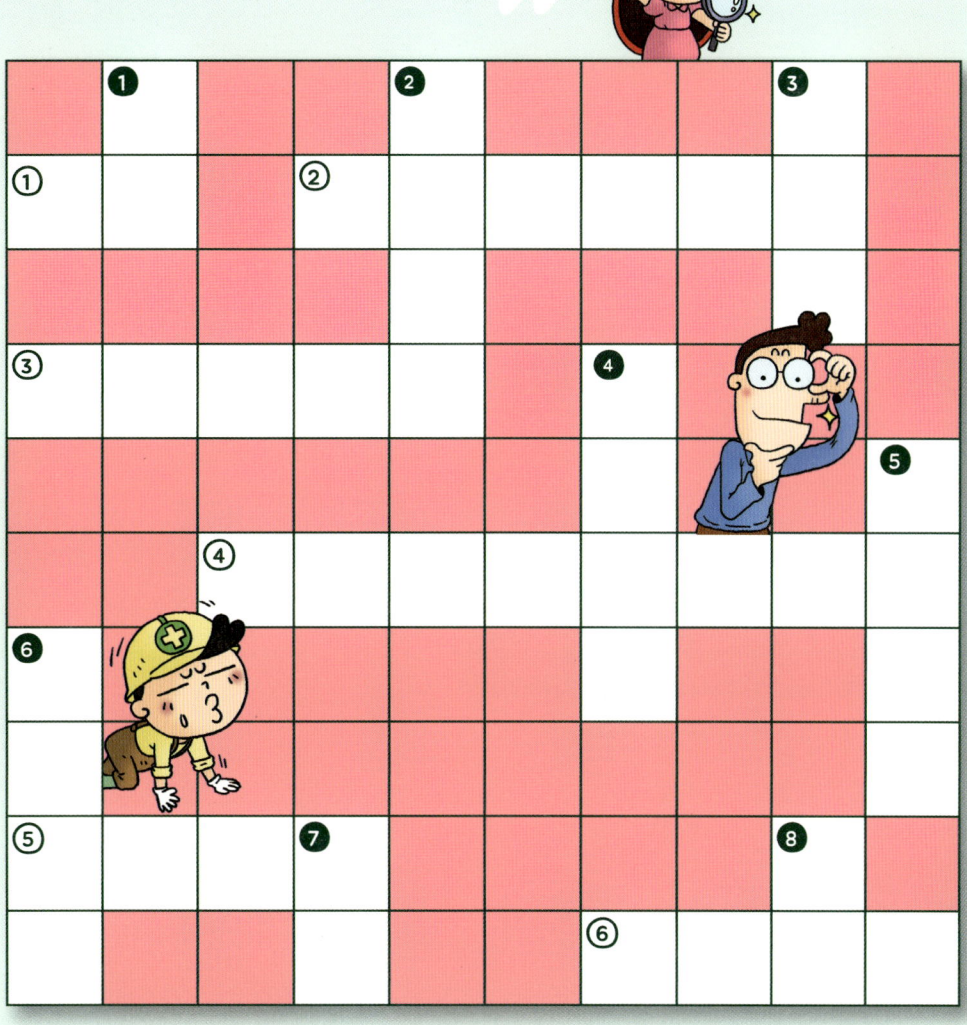

# 교과서 속으로

교과서에서는 어떻게 배울까?

---

**초등 5학년 1학기 과학 | 태양계와 별**

## 별과 별자리는 무엇일까?

- **별**
  - 스스로 빛을 내는 천체이다.
  - 태양계에서는 태양이 별이다.

- **별자리**
  - 별을 연결해 사람이나 동물, 물건의 모습을 떠올리고 이름을 붙인 것이다.
  - 북쪽 밤하늘의 별자리는 큰곰자리, 작은곰자리, 카시오페이아자리 등이 있다.
  - 밤하늘에서 북극성을 찾을 때 별자리를 이용할 수 있다.

 *나는 별이 빛을 내는 원리도 알고 있지.*

---

**초등 5학년 1학기 과학 | 태양계와 별**

## 밤하늘에서 북극성은 어떻게 찾을까?

- **북극성 주변의 별자리를 이용**
  - 북두칠성 또는 카시오페이아자리를 이용할 수 있다.

- **북극성의 위치**
  - 북극성을 찾으면 정확한 북쪽을 알 수 있다.
  - 나침반 역할을 하므로 뱃길을 찾아내는 데 많이 이용했다.

 *나는 북극성이 지구의 북극 위에 떠 있는 별이라는 것도 알지.*

중 3학년 과학 | 별과 우주

## 시차와 별의 거리

- **시차**
  - 관측자의 위치가 변할 때 두 관측 지점과 물체가 이루는 각
- **시차와 별의 거리 관계**
  - 별의 시차는 지구가 공전하기 때문에 생긴다.
  - 시차는 별의 거리가 멀수록 작아지고, 별의 거리가 가까울수록 커진다.

 지구는 별의 시차를 관측하는 우주선인 셈이지!

중 3학년 과학 | 별과 우주

## 별의 밝기와 등급

- **별의 등급**
  - 별의 밝기를 숫자로 나타낸 것
  - 1등급 별은 6등급 별보다 100배 밝다.
- **등급의 종류**
  - 겉보기 등급: 맨눈이나 망원경으로 보았을 때 별의 등급
  - 절대 등급: 모든 별이 지구에서 10파섹 거리에 있다고 가정했을 때 별의 등급

 별의 등급을 나타내는 숫자가 작을수록 밝은 별이란 걸 잊지마!

## 찾아보기

AU(에이유) 48-49, 54-56

겉보기 등급 71-73

공전 20, 22-23, 52, 54

관측 18, 33, 43, 46, 50-54, 64, 68-70, 73, 76-77, 82, 86, 91, 98, 100, 102, 104-105, 109

광년 50, 55-57, 84-85, 97, 104-105

구상 성단 87, 89

국제천문연맹 14

금성 30-33, 35, 49

달 29-30, 33, 60-61, 68, 76, 108

대폭발설 103-104

등급 68-72

막대 나선 은하 99-100

망원경 33, 43, 53, 70, 73, 76-77, 82, 97-98, 108

바빌로니아 13

베셀 54-55

별똥별 18

별자리 12-21, 23, 30

북극성 16-17, 21-23

북두칠성 16-17

분류 98, 100

불규칙 은하 98-100

블랙홀 38, 42-43

빅뱅 이론 103

산개 성단 87-89

성간 물질 36-39, 88-89

성단 86-87, 89

성운 36-37, 88-89, 97-98

수소 31-32, 36-39

시차 50-57, 60

안드로메다은하 96, 98, 102

온도 31, 38, 67, 87-88

외부 은하 97-98, 100-101, 103

우리은하 81-91, 96-100, 103

유성우 18-19

은하 80, 83, 96-102

은하수 80-81, 89, 91

인공위성 30, 43, 108

자전축 21-22

작은곰자리 23

절대 등급 72-73

정상 나선 은하 98-100

중력 31, 37-38, 42

질량 36, 38, 42

천체 16, 19, 29-38, 42, 48, 61, 76-77, 81, 83, 86, 88, 90, 97, 109

측광기 70

카시오페이아자리 14-15, 17, 23

큰곰자리 16, 23

타원 은하 98-100

탄소 38

탐사선 82

태양 19-23, 28-33, 35-36, 38-39, 42, 47-49, 52, 54, 56, 65, 72, 85

태양계 30, 34, 48-49, 81-83, 85, 108

파섹 50, 54-57, 72-73

팽창 102-104, 108

페르세우스자리 18, 21

항성 32-35

행성 32-35, 48-49, 109

허블 97-98, 100, 108

허셜 82-83

헤일로 85

헬륨 31-32, 36-39

화성 30-33, 35, 39, 49, 109

114

# 퀴즈 정답

## 1교시

**01** ① ✗  ② ○  ③ ✗

**02**
> [보기]
> 별자리는 지구에서 보이는 별들을 몇 개씩 묶어 여러 가지 (**동물**)이나 (**사람**), 물건의 이름을 붙인 거야. 지구가 (**태양**) 주위를 공전하기 때문에 (**계절**)마다 보이는 별자리는 달라져.

## 2교시

**01** ① ✗  ② ✗  ③ ○

**02**

### 3교시

**01**  ① ◯  ② ✕  ③ ✕

**02**
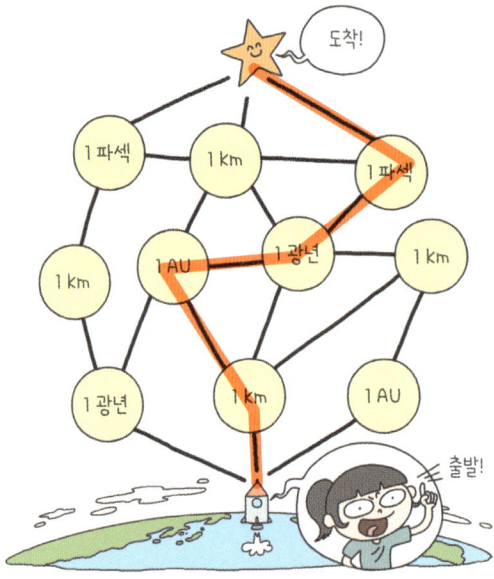

### 4교시

**01**  ① ◯  ② ✕  ③ ✕

**02**
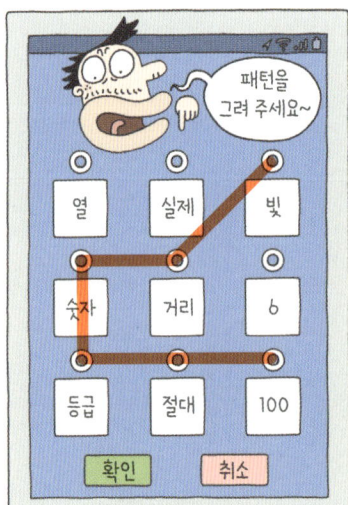

## 5교시

**01**  ① X  ② O  ③ X

**02**
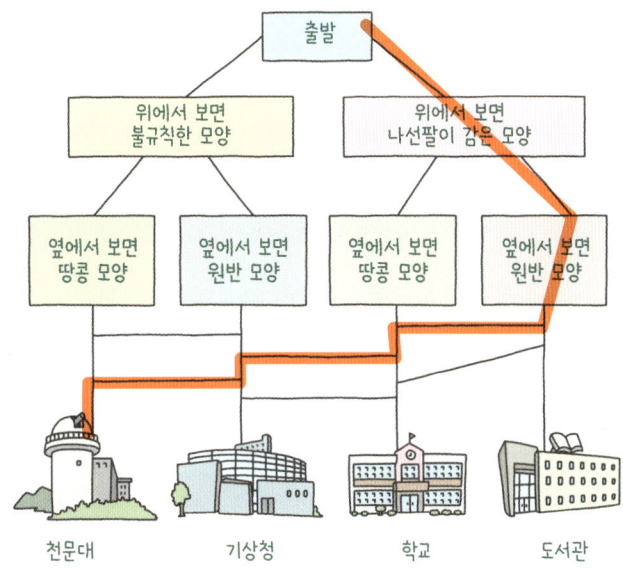

## 6교시

**01**  ① O  ② X  ③ X

**02**
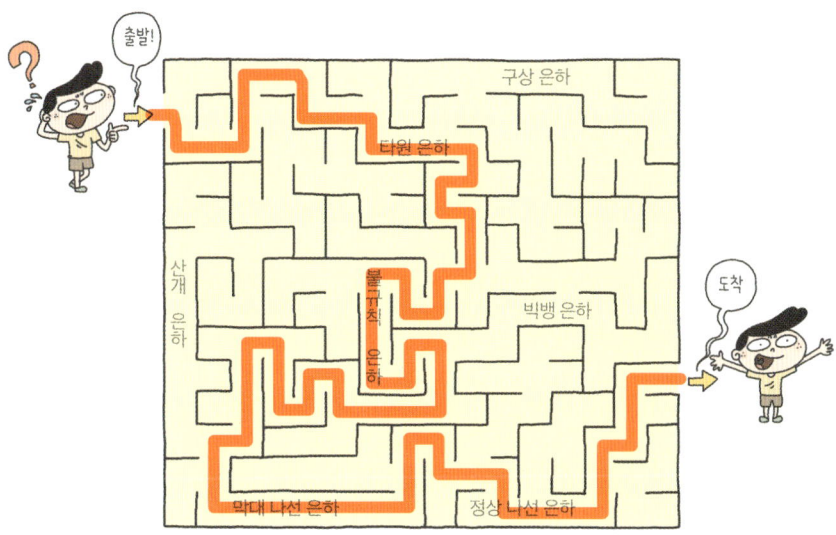

# 가로세로 퀴즈

|   | ❶탄 |   |   | ❷절 |   |   | ❸은 |   |
|---|---|---|---|---|---|---|---|---|
| ①수 | 소 |   | ②막 | 대 | 나 | 선 | 은 | 하 |
|   |   |   |   | 등 |   |   |   | 수 |
| ③겉 | 보 | 기 | 등 | 급 |   | ❹빅 |   |   |
|   |   |   |   |   |   | 뱅 |   | ❺우 |
|   |   | ④카 | 시 | 오 | 페 | 이 | 아 | 자 | 리 |
| ❻구 |   |   |   |   | 론 |   |   | 은 |
| 상 |   |   |   |   |   |   |   | 하 |
| ⑤성 | 간 | 물 | ❼질 |   |   | ❽항 |   |   |
| 단 |   |   | 량 |   | ⑥산 | 개 | 성 | 단 |

## 일러두기

· 맞춤법과 띄어쓰기는 국립국어원에서 펴낸 《표준국어대사전》을 따랐습니다.
· 과학 용어 표기는 《2015 개정 교육과정에 따른 교과용도서 개발을 위한 편수자료Ⅲ 기초과학, 정보 편》을 따랐습니다.
· 이 책에 실린 사진은 저작권자로부터 사용 허가를 받았습니다. 저작권자와 접촉하기 위해 최선을 다했으나 불가피한 사정으로 사용 허가를 받지 못한 일부 사진에 대해서는 저작권자와 연락이 닿는 대로 게재 허락을 받고 사용료를 지불하겠습니다.
· 이 책에 실린 그림의 저작권은 별도의 표기가 없는 한 사회평론에 있습니다.

## 사진 제공

29쪽: 퍼블릭도메인 | 42쪽: 퍼블릭도메인 | 43쪽: ESO(wikimedia commons_CC4.0) | 49쪽: ESO(wikimedia commons_CC4.0) | 54쪽: 퍼블릭도메인, V.Toporenko(Bridgeman Images) | 60쪽: 퍼블릭도메인 | 62-63, 65쪽: 퍼블릭도메인 | 68쪽: 퍼블릭도메인 | 73쪽: Haktarfone(wikimedia commons_CC3.0) | 76쪽: GIANNI TORTOLI(Science Photo Library) | 77쪽: 퍼블릭도메인, AGE Foto Stock | 81쪽: CLAUS LUNAU(Science Photo Library) | 82쪽: 퍼블릭도메인 | 83쪽: DR JEREMY BURGESS(Science Photo Library) | 89쪽: 퍼블릭도메인, Ken Crawford(wikimedia commons_CC3.0) | 94-95쪽: 퍼블릭도메인 | 97쪽: 퍼블릭도메인 | 99쪽: 퍼블릭도메인, NASA&ESA(wikimedia commons_CC4.0) | 108쪽: 퍼블릭도메인, KAIST 인공위성연구소 | 109쪽: KARI(공공누리저작물), 퍼블릭도메인, Deuterium 001(wikimedia commons_CC3.0) | 그 외: 셔터스톡

## 용선생의 시끌벅적 과학교실 | 별과 우주

| | |
|---|---|
| 1판 1쇄 발행 | 2021년 1월 4일 |
| 1판 6쇄 발행 | 2025년 3월 3일 |
| | |
| 글 | 김형진, 설정민, 이명화 |
| 그림 | 김인하, 뭉선생, 윤효식 |
| 감수 | 맹승호 |
| 캐릭터 | 이우일 |
| | |
| 어린이사업본부 | 이승필 |
| 책임편집 | 이건혁 |
| 편집 | 정세민, 이명화, 홍지예, 김미화, 최예리, 윤성진, 박하림, 김예린 |
| 마케팅 | 윤영채, 정하연, 안은지, 박찬수, 강수림 |
| 경영지원본부 | 나연희, 주광근, 오민정, 정민희, 김수아, 김승현 |
| 아트디렉터 | 강찬규 |
| 디자인 | 디자인서가 |
| 사진 | 포토마토 |
| | |
| 펴낸이 | 윤철호 |
| 펴낸곳 | (주)사회평론 |
| 전화 | 02-326-1182 |
| 팩스 | 02-326-1626 |
| 주소 | 03993 서울시 마포구 월드컵북로6길 56 사평빌딩 |
| 출판등록 | 1993년 10월 6일 제 10-876호 |

© 사회평론, 2021

ISBN 979-11-6273-149-9  73400

· 이 책 내용의 일부나 전부를 다시 사용하려면 저작권자와 사회평론의 동의를 받아야 합니다.
· 잘못 만들어진 책은 바꾸어 드립니다.

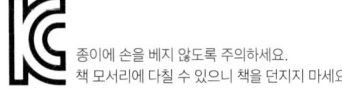
종이에 손을 베지 않도록 주의하세요.
책 모서리에 다칠 수 있으니 책을 던지지 마세요.